猫組長
（菅原潮）
NEKOKUMICHO
USHIO SUGAWARA

THE DARK SIDE OF FINANCE

金融ダークサイド

元経済ヤクザが明かす
「マネーと暴力」の新世界

講談社

金融ダークサイド

元経済ヤクザが明かす「マネーと暴力」の新世界

はじめに

金融の新世界へ

現在、株式市場では人が作り出した「人工知能」（ＡＩ）が神のごとくに振る舞おうとしていることをご存じだろうか。ＡＩアルゴリズムは、企業や政府が自発的に発表する統計データなど伝統的データとは異なる、「オルタナティブ（非伝統的な）データ」を自動収集して銘柄を選出する。ＡＩの創造主である「ヒト」自身が、その選出した理由を理解できないことさえあるというから、その決定はもはや神託に近いと言えよう。

これまでの「カン」を頼りにした「ヒト」による投資活動は生息域を狭められ、最先端の金融の現場にはＡＩを管理するエンジニアが増えている。このように「マネー」の世界から、「ヒト」そのものが駆逐されようとしている現実こそ、やがて訪れる実社会の縮図と言えるだろう。

「ヒト」であろうとする私は、その神との戦いを演じている。

また、投機対象として注目された「クリプト・カレンシー」（暗号通貨＝仮想通貨）に対する規制が、今年（２０１９年）６月のＧ20財務相・中央銀行総裁会議で合意された。国境などおかまいなしに資金移転を可能にしていた「ビットコイン」に代表されるこれまでの投機対象としての「仮想通貨」は、この規制により縮小していくだろう。

６月20日にはFacebookが、独自の仮想通貨「リブラ」を使った金融サービスを来年開始すると発表した。潜在利用者数27億人の新経済圏実現への賛否を巡って、世界が二分している状態だ。

いずれにしても、代わって登場するのは、国家が発行する「ソブリン・クリプト・カレンシー」だ。それは、フィンテック（金融技術）による「仮想通貨２・０」という新世界の始まりに他ならない。

続々と生み出される新たな金融環境によって、世界がどこに向かうのかは「予測」することしかできない。不透明な時代を生き抜くために必要なのは、「マネー」に対する認識を多角的に深化させることだ。

多層的な視点獲得の方法として提案するのが、オモテからだけではなくウラ側から見るマネーの実像だ。本書の目的もそこにある。

「マネーと暴力」のヘゲモニー

かつて私は、五代目山口組系組織の組長だった。経済ヤクザとして石油ビジネスに参入。アメリカによって、稼いだ600億円を銀行ごと収奪された。この経験を通じて「マネーと暴力」の密接な関係を実感することとなる。まさに「マネー」の「ウラ」の世界に生きてきた私こそ、新たな時代の解説者として適任であると自負している。

石油のビジネスを通じて私は、アメリカが覇権国であることを実感した。世界最強の暴力「米軍」が、石油や穀物、武器など戦略物資の決済に使う国際基軸通貨「ドル」の威信を担保することが、アメリカのヘゲモニーを維持している。これが世界の秩序の正体だ。ということで、投資の世界でAIが「神」として振る舞おうと、「仮想通貨2・0」が登場しようと、どこまで世界が変わろうと、暴力の所有者が金融市場のルールを規定するという、この「マネーと暴力」の基本構造は不変だ。

1989年の「アルシュ・サミット」で、犯罪組織によるマネーロンダリングは国際的な規制対象となった。その一方でアメリカは、自身の国家戦略として犯罪組織を利用しながら資金洗浄を続ける。アメリカが金融監視と規制に本気で取り組むようになったのは、自国が攻撃された2001年の「9・11同時多発テロ事件」がきっかけだ。躊躇《ちゅうちょ》することなく人権さえ蹂躙《じゅうりん》したおかげで、それまでアンタッチャブルとされていた「神の金融機関」バチカン銀行と犯罪組織との黒い経済同盟も明らかになることとなった。

マネーの世界に正義はない。あるのは最強の暴力の所有者による思惑だけということだ。

だが閉鎖的な地理状況と金融環境にある日本人にとって、本質的な意味での「マネーロンダリング」への理解は難しい。そこで私自身が手を染めた「資金洗浄」の手口を明らかにした。黒い経済活動は、黒い実務を通じてしか知識を得ることのできない分野だ。また黒い経済人が自らの手の内を明かすことはない。貴重な資料になるだろう。

正義不在ということで、資金洗浄を黒い経済人だけのツールだというステレオタイプの認識もこの際改めるべきだろう。犯罪行為としての資金洗浄の正体は「資金移転」を繰り返すことだ。だが一方で「資金移転」は、実は世界の金融機関の資金調達の手段でもある。脱法のリスクを取って得られたマネーが、よりリスキーな投資へと向かうことでビジネスチャンスが広がっていくのが世界標準の金融と投資の在り方だ。

普通の人が遵法しながら行う経済活動を「一般道」に譬《たと》えるなら、非合法スレスレの場所に「高速道路」を作るのが黒い経済活動だ。「暴力」は、ファイナンスのための究極の合理的ツールであるというのが私の認識だ。規制が強化された現在では「逮捕リスク」が「合理性」と釣り合わないので、別な「合理性」を追求しているのに過ぎない。

ゴーン事件とアメリカ

「マネーロンダリング」の深意を理解するためにも、マネーの多層的な解釈が必要だ。マネーのウラ側を読み解く上で奇貨として訪れた題材こそ、「日産」と「ルノー」の元会長、カルロス・ゴーン氏による事件だ。

今年4月4日、ゴーン氏は東京地検特捜部によって再逮捕される。金融商品取引法違反容疑から始まったこの事件は、特別背任容疑へと展開。ゴーン氏が巨大企業「日産」の信用と資本を余すところなく利用していたこと、また、海外へと資産を逃がす手口も明らかになっていった。欧州では「ダッチ・コネクション」の疑惑も報じられ、事態は拡大の様相を呈している。

投資の焦げ付きを始点とした数々の犯行と聴取への対応は、モーツァルトのオペラ『魔笛』の愚かで滑稽な「人間」パパゲーノによる美しく黒い五重唱のようだ。パパゲーノ同様、口に鍵をかけておけばよかったものを——。

ゴーン氏が手を染めた国際金融を舞台にした犯罪こそ、かつての私の生息地。蛇の道は「猫」ということで、この犯罪の本当の意味を解説しよう。

ゴーン氏の事件においては、海外に移転させた資金の流れが明らかになっていくのだが、捜査着手の背後に、覇権国・アメリカの存在があることを私は疑っている。

そう考える理由は、ゴーン事件の相似形として起こった、日本最大のヤクザ組織「五代目山口組」の旧五菱会《ごりょうかい》が、ヤミ金で稼いだ莫大な金を資産逃避させた事件があったからだ。すでにカジノを舞台にした「妖しい人物」としてマークされていた「ヤミ金の帝王」は、9・11をきっかけに国家の「敵」としてアメリカに認定されることとなった。そこでアメリカは日本側に圧力をかけ事件の捜査に着手させる。日本国内では「被害者救済」を目的に捜査が開始されたというストーリーとして報じられたが、はじめにあったのは「被害者」ではなく「アメリカ」だ。そこには、狙った獲物が停止する瞬間を待って捕食する猛禽類《もうきんるい》のごとき超大国のもう一つの顔がある。

マネーの世界を解き明かす上で重要な視点の一つが「誰が得をしているのか」という点だ。現在のアメリカとフランスの関係を考えれば、ゴーン氏の事件はアメリカにとって得になることとしかない。冒頭では、この事件を余すところなく解説し、マネーの深層解説への入り口とした。

格好の教材を提供してくれたゴーン氏には最大の謝辞を送りたいと思う。

CONTENTS

目次

第5章

金融閉鎖列島を脱出したブラックマネー

国家戦略に利用されたマネーロンダリング■CIA、コーザ・ノストラ、ムジャヒディンを結ぶ■イラン・コントラ・ゲート事件■BCCIの破綻■日本発国外マネーロンダリング──旧五菱会事件■五代目山口組とアメリカ■香港経由で資産を逃避■香港経由のマネーロンダリング■改めて問われた銀行の在り方■シティバンクの黒い伝説■ブラックカードの素顔■コンビニATM18億円不正引き出し事件

装丁＋扉・目次デザイン＝HOLON

第1章

元経済ヤクザが明かす
ゴーン事件の最深層

日仏「国家ブランド」トップ逮捕の衝撃

２０１８年11月19日、ルノー・日産・三菱アライアンスの会長兼最高経営責任者（ＣＥＯ）だったカルロス・ゴーン氏が、東京地検特捜部に金融商品取引法（金商法）違反容疑で逮捕された。自らの役員報酬について、10年度からの5年間で約50億円を有価証券報告書に過少記載した容疑だ。

巨大企業トップへの東京地検特捜部の追撃がここから始まる。

12月10日には、別な金商法違反で再逮捕。同月21日には、東京地裁による勾留延長却下をきっかけに、特別背任罪の容疑で再逮捕された。08年に私的に行っていた投資の損失約18億５０００万円を事実上日産に肩代わりさせていたというものだ。

年末年始を東京拘置所で過ごしたゴーン氏だが、逮捕から１０８日目の19年3月6日、ついに保釈される。保釈中に会見を開くことをTwitterで公表し世論を味方にしようと試みたものの、4月4日、今度は「オマーン」を舞台にした新たな特別背任容疑で再逮捕された。

本稿執筆時点まで実に逮捕は4回を数えている。中でも二つの特別背任容疑は、「中東日産」を経由したものだ。ゴーン氏が日産の金を使って私腹を肥やしたという単純なものではなく、国際金融を舞台にした「マネーロンダリング」だと、私は考えている。
金融閉鎖国に住む日本人の多くは、「マネーロンダリング＝犯罪組織による資金洗浄」という認識だろう。だが、資金移転と自己資本還流の構造が成立していれば、「マネーロンダリング」とするのが国際標準の認識だ。この構造が揃っただけで、監視対象となるのだから。

日本ではレアケースの経済事件を起こした当事者は、いかにして「名経営者」とされるようになったのか――まずは歴史を整理したい。

ルノーは１９４５年、フランスの指導者で後に大統領となるシャルル・ド・ゴール将軍による行政命令で国営化された。96年に完全民営化されたものの、フランス政府は２０１８年でも15％のルノー株を保有する筆頭株主だ。

一方の日産は戦時中に紫電改、零戦などのエンジンを作っていた中島飛行機を源流とするプリンス自動車を１９６６年に吸収している。また零戦などを作った三菱重工業は、戦後、クライスラーと提携して現在の三菱自動車となる。55年に通産省が「国民車構想」を発表して以来、自動車産業は日本の基幹産業となった。２０１８年４月に経済産業省が発表した「自動車新時代戦略会議（第１回）資料」に、

〈自動車産業は、日本の経済・雇用を支えてきた「屋台骨」〉

と書いてあることから、日本における自動車産業の地位は今日まで揺らいでいない。

こうした歴史経緯から考えても「ルノー」はフランスの、「日産」「三菱」は日本の国家ブランドと言えるだろう。

高度経済成長期初期の1958年に世界一過酷と言われる海外ラリーで優勝するなど「技術の日産」として順調に売り上げを伸ばしていった日産だが、技術偏重の経営はブランディングなど販売戦略の弱体化につながり、80年代に入ると販売シェアが下落していく。そこで日産は「90年代までに技術世界一を目指す」をスローガンにした「901運動」を開始。87年に「Be－1」、88年に高級車「シーマ」、89年に「R32型スカイライン」を発売し、「GT－R」ブランドを復活させた。

だが、91年にバブルが崩壊。おりしもモデルチェンジの時期が重なったが、「901運動」のキモである新型車が低評価となったこともあり、販売台数を大きく下げていった。バブル崩壊後はリストラなどを行ったものの、98年には約2兆円という国家予算規模の有利子負債を抱え、倒産寸前の状態に陥ってしまう。

追い詰められた日産は、97年末ごろからドイツの自動車会社、ダイムラーに日産ディーゼル工業の株式販売を持ちかけるが失敗。フォードとの提携にも失敗した日産は、北米日産の損失などもあり、98年末にかけて経営状態はますます悪化。

99年３月27日、崖っぷちに立たされた日産はついにルノーとの提携に合意する。提携内容はルノーが６４３０億円を出資し、日産株の36・８％と、日産ディーゼル工業の株式22・５％、さらに、日産ヨーロッパの販売金融子会社５社の株式を１００％取得するというものだ。

自動車を現金で一括購入する消費者は少なく、個人ならローンを、法人であればリース契約をすることは多い。もちろん購入時は保険加入を勧めることもできるということで、自動車メーカーが、販売と金融事業部門を所有するメリットは大きい。生産という利益の入り口から販売という出口までを含めたこの提携は、ルノーの軍門に下るということである。

だが、そのルノーもボルボとの提携に失敗した後だっただけに、両社の提携は「負け組連合」と評された。

そして、同年４月、当時ルノーの上級副社長だったゴーン氏が日産に着任し、６月には、ルノー副社長と兼務する形で日産ＣＯＯ（最高執行責任者）に就任。10月に「日産リバイバルプラン」を発表した。文化や企業風土、また日産内の労働組合の問題から「負け組連合」の行く末を不安視する声は大きかった。だが、ゴーン氏はわずか４年で業績のＶ字回復に成功する。

しかし「日産リバイバルプラン」と名付けられた経営再建計画の実態は、車両組立工場3ヵ所、部品工場2ヵ所の閉鎖、全世界でのグループ人員の2万1000人削減、下請工場を半減させるというものだった。

苛烈なまでの「コストカット」にもかかわらず、当時は経済界のみならず、スポーツ界、芸能界でも、その世界の改革者を「○○界のゴーン」ともてはやしたほどその豪腕は評価された。だが「あれだけの暴力行使が許されるなら自分でもできる」と、私はその熱狂を冷ややかな目で見ていた。日本最大のヤクザ組織「山口組」でさえ、暴排条例（暴力団排除条例）という組織の存続が危ぶまれるほど強力な規制が施行されて以来、現在まで、ここまでの削減を行ったことはないほどの「暴力」だったからだ。

日本人経営者が同様のことをしようものなら、メディアをはじめ袋叩きにあっていたはずだ。ゴーン氏が「暴力」を行使したのにもかかわらず「豪腕救世主」として評価さえされたのは、とかく欧米に弱い日本にあって、フランスという外資から送り込まれた外国人だからというのが現実だろう。

そしてこの時期に、私は日産株を購入する。理由は、

「労働基準法などの法規制を暴力で破ることができるほど頼もしい上場企業はない」

というものだ。そのゴーン氏が00年に日産自動車の社長に、そして01年には社長兼ＣＥ

Ｏ（最高経営責任者）へと順調に出世をしているのだ。義理人情とビジネスは別物――「暴力」だけが人の価値の尺度になる世界に生きていた当時の私にとって、これほどわかりやすい企業はない。

最初の「闇」

最初の逮捕容疑は、10年度から14年度の５年間で、約99億９８００万円の役員報酬を約49億８７００万円と有価証券報告書に過少に記載した金融商品取引法（金商法）違反だ。08年の株主総会で、日産は役員報酬の総額上限を年29億９０００万円と決議した。自身の報酬を過少記載することで、決議された上限を超えないように偽装していた疑いが持たれている。

金商法は、48年に制定された証券取引についての基本法「証券取引法」を全面改正して07年に制定された、「国民経済の健全な発展及び投資者の保護に資すること」を目的とする、黒い経済人たちが息苦しくなる法律だ。インサイダー取引などの不正取引の排除や、上場企業の情報開示などが義務付けられている。

その企業の財務諸表や営業状況、設備状況、事業内容から企業の概況などが記載されている有価証券報告書は、投資家がその企業に投資するかしないかを判断する重要な情報だ。金商法によって上場企業は年度末から3ヵ月以内に内閣総理大臣への提出と、開示が義務付けられている。

そこで有価証券報告書の虚偽記載については、個人に10年以下の懲役もしくは1000万円以下の罰金、法人は7億円以下の罰金が科せられる。また証券取引所が虚偽記載による影響が大きいと判断した場合、上場廃止もありえるほどだ。

刑事事件において逮捕の有効期限は72時間で、最初の勾留期限は10日間。認められればさらに10日間勾留が延長され、起訴できなければ釈放となる。逮捕からの流れを時系列に従って整理すると、特捜部とゴーン氏側の「72時間+10日間+10日間」を巡る攻防が見えてくるだろう(以下すべて2018年)。

11月19日　特捜部が、10~14年度の役員報酬を有価証券報告書に虚偽記載したことによる金融商品取引法違反容疑で、ゴーン氏を逮捕

11月21日　東京地裁が11月30日までの勾留を決定(最初の逮捕から72時間以内)

11月30日　特捜部が請求した勾留延長を東京地裁が認め、12月10日まで勾留延長決定

12月10日　特捜部が金商法違反容疑で起訴(20日以内の起訴成功)。また特捜部は15~17年度の約71億7400万円の役員報酬を29億4000万円と有価証券報告書に過少に記載した

役員報酬虚偽記載による金商法違反容疑で再逮捕（さらに72時間と20日の勾留を狙う）
12月11日　東京地裁は12月20日まで再逮捕容疑での勾留を決定

私はこの時点ですでに、ゴーン氏について多くの妖しさを感じていた。

２０１８年の検察庁の発表によれば、同庁には約２７００人の検察官がいる。非公開ながら東京地検特捜部の所属は約40～50人。全体の約１％に過ぎない部署に選ばれる評価基準は、「自白を取る」など事件を有罪にする実務成績だ。「特別捜査部」の名前通り、巨額の粉飾決算や、企業トップの特別背任、現職政治家の汚職などを得意とする。08年の「クレディ・スイス証券集団申告漏れ事件」まで、「特捜部が起訴して無罪になったことはゼロ」という常勝組織だ。

15年には東芝が、累計２２４８億円の利益水増しによる有価証券報告書の虚偽記載に対して、金商法に基づいた73億７３５０万円の課徴金の納付を金融庁から命じられている。東芝のケースでは組織ぐるみでの利益の水増しという粉飾決算が元になっているにもかかわらず、逮捕者は出ていない。ゴーン氏の場合は個人的な指示による役員報酬の記載で、合計約90億円程度の虚偽だ。あの東京地検特捜部が、国家ブランドのトップを狙う「タマ」としては、少々物足りない。逮捕する容疑は「まだある」と考える方が自然で、これが妖しさを感じた最初の原因だ。

ところで私には「実は知っていた」的な「後出しじゃんけん」をする趣味はない。今「その時の予測」をあえて書く目的は、今後の話の展開をわかりやすくするための、私の視点と思考のプロセスの共有だ。このような暴力経済を生き抜くための発想は、皆さんの周りで「変化」が起こった場合の分析の役にも立つだろう。

マネーロンダリングの影

衝撃の逮捕直後から、週刊誌を中心にその強欲な素顔と同時に、告発に至った経緯も伝えられた。

報道によれば、告発したのは渉外や広報畑出身の専務執行役員、監査役、そして法務畑出身の専務執行役員が中心となった社内調査チームだ。トップの会社私物化に義憤を覚えた告発者が「3人の侍」と称賛されているのは、日本人が大好物のストーリー。だが、社長だった西川廣人《さいかわひろと》氏が、ゴーン氏が退任後に受け取る予定だった報酬名目を記した「雇用合意書」にサインし、日産も起訴されるのだから、金商法容疑について会社ぐるみの犯行だったことが明らかだ。また、「3人の侍」のうち2人はゴーン・チルドレンで、そのうち法務畑出身の専務は司法取引に応じている。

共犯者が、逃れられないと主君に見切りをつけて、生き残る選択をしたというのが「侍」の偽らざる本音だろう。

トップが本部から処分され、「侍」たちが我先にと移籍先を探すのは、私が見た暴力社会の日常の風景だ。生存欲求の前では「仁義」など脆《もろ》くも崩れ去る人の性《さが》に、渡世も上場企業も違いがないことを改めて実感した。むしろ、そうした欲望が渦巻く日産の企業体質を、株主の一人としては頼もしく思っているほどだ。

事件発生直後に、私が注目していたのは、ゴーン氏がバンク・オブ・アメリカ、モルガン・スタンレー、シティグループなどを顧客に持つ、アメリカの有名弁護士事務所「ポール・ワイス・リフキンド・ワートン・アンド・ギャリソン」と契約したことだ。

同事務所の会長自ら代理人を務めるということだった。だが、外弁法（外国弁護士による法律事務の取扱いに関する特別措置法）により、外国人弁護士が日本で弁護活動をするには、法務大臣の承認と日本弁護士連合会の登録を受けなければならない。それも出身国の法律の範囲に限定されるのだから、日本の刑事事件の弁護活動はできない。このことからゴーン氏が海外の有名弁護士事務所を雇ったことは「謎」となっていた。

だが私はこの「謎」についてゴーン氏の「闇」を感じていた。

当時の報道によると、ゴーン氏は日産に60億円を出させてオランダにトンネル会社を設立し、そのうち20億円をタックスヘイブンのイギリス領バージン諸島に登記された複数の孫会社に移転。海外の高級住宅購入などに充てていた。

イギリス領バージン諸島というタックスヘイブンの名所に資金を移転し、自己に還流させる――マネーロンダリングの古典的な手口であるだけに、ゴーン氏が「黒い経済界」について、多少は通じていた可能性をにおわせる一件だ。この場面でアメリカの有力弁護士を雇う理由は、海外資産に対する防衛である。自分が現役として国際金融の世界に生きていたなら、そうするからだ。

こうして、私のゴーン氏に感じた妖しさは確信へと変わっていった。

逮捕直後、ゴーン氏の余罪については「脱税」の可能性が指摘されていたが、納税はきちんとしていると私は考えていた。シカゴのマフィア組織「シカゴ・アウトフィット」のボス、アル・カポネを逮捕した容疑は、所得税の脱税だ。第4章に詳しく書くが、私は石油で稼いだ金をロンダリングして、銀行ごとアメリカに没収された苦い思い出がある。その大きな理由の一つが、アメリカに住んで、税金というショバ代をアメリカに払わなかったことだ。

納税は黒い経済人の自己防衛策。ゴーン氏が自らに捜査の手が伸びると考えていなかった理由は、「税金を払っているから」という安堵感にあると私は考えている。

マネーロンダリングと、納税の事実から導き出される罪は、特別背任罪ということになる。ゴーン氏が資産を国外に逃避させ、裏金を蓄財した可能性があることは、オランダの件でも見えてくる。海外金融機関に資産開示請求や、返還請求を行った時、アメリカの弁護士は有効に機能するに違いない。裏を返せば、ゴーン氏に違法行為を行っている自覚がなければ、このような手段も取らないはずだ。

そして予測通り、ゴーン氏は特別背任罪で起訴されることとなった。

疑惑に次ぐ疑惑

事件は金商法での再逮捕容疑の勾留期限である18年12月20日に大きく展開する。裁判所が、東京地検によるゴーン氏の勾留延長請求を却下したのだ。この時点でゴーン氏は容疑を否認している。そうした容疑者に対して裁判所は検察の勾留延長を認めるのが通常なのだから、異例の事態だと言えるだろう。

この約3週間前の12月1日、アルゼンチンのブエノスアイレスで開催されたG20に出席していた日本の総理大臣、安倍晋三氏とフランスの大統領、エマニュエル・マクロン氏との間で日仏首脳会談が開かれている。ゴーン氏の逮捕を受けてマクロン氏が、「（ルノー・日産・三菱の）3社連合が安定した状態で維持されるように強く望む」

と政府による「配慮」を要望したが、安倍氏は、「民間の当事者で決めるべきで、政府がコミットするものではない」と、にべもなかった。日本の総理が「政府関与はしない」と一蹴したフランスに、裁判所が気を使った「特例」だ。実に健全な三権分立の在り方とも言えるのだが。

勾留延長の却下を受ける形で翌21日、特捜部は「特別背任容疑」でゴーン氏を再逮捕した。まずは容疑内容を簡単に整理したい。

他人の物や資産を収奪することについては、当然いくつかの刑事罰がある。盗めば窃盗罪、暴力を加えれば強盗罪、恐怖を与えれば恐喝罪、騙《だま》す意図が含まれれば詐欺罪だ。他人との間に信頼関係があり、預かった資産を私的に流用した場合は横領罪で、未遂はない。例えば預かった資産をネットオークションにかけた瞬間でも横領罪が成立する。

また、会社から信頼され業務として委託された資産を、株の投資やゴルフの会員権購入、愛人の手当などに使った場合は、業務上横領となる。似たような罪で背任罪があるのだが、背任罪の「5年以下の懲役又は50万円以下の罰金」に対して、業務上横領罪は「罰金刑なしの懲役10年以下」と重い。業務上横領罪を念頭に捜査が行われ、立件が難しい時には背任罪という形で運用されている。

特別背任罪が業務上横領罪と違うのは、取締役、発起人、会計参与、監査役、執行役など、行為者が会社法などで定められた立場である点。そうした責任ある人間が、自分や第三者の利益を図るか、あるいは会社に損害を与える目的（図利加害目的）を持ち任務に背いて会社に損害を与えた（背任）時、特別背任罪が成立する。背任罪の特別法として会社法などで規定され、「10年以下の懲役もしくは1000万円以下の罰金」となる。

特別背任罪は会長だった「カルロス・ゴーン」ただ独りを狙い撃ちにする容疑で、東京地検特捜部が威信をかけて動くにふさわしい。勾留却下によって検察側が一気にギアを上げてきたということだ。金商法はゴーン氏の容疑に対する入り口で、特別背任罪こそ本丸と考えるべきだろう。

その上で前後の流れを、整理しよう（12月は18年、1月は19年）。

12月20日　特捜部が請求した勾留延長を東京地裁が却下（10日間の勾留に失敗）
12月21日　特捜部が特別背任罪の容疑で再逮捕
12月23日　東京地裁は1月1日までの勾留を決定（再逮捕から72時間以内）
12月31日　特捜部が請求した勾留延長を認め、1月11日まで勾留延長決定（10日間の勾留延長に成功）
1月8日　ゴーン氏が勾留理由開示のため東京地裁に出廷、無罪を主張。弁護士は東京地

裁に勾留取り消しを請求
1月9日　弁護士の勾留取り消し請求を東京地裁が却下
1月11日　ゴーン氏が特別背任容疑で追起訴。ゴーン氏側が1回目の保釈請求
1月15日　ゴーン氏側の保釈請求を東京地裁が却下
1月18日　ゴーン氏側が2回目の保釈請求
1月22日　ゴーン氏側の保釈請求を東京地裁が却下

「特別背任容疑」という強烈な特捜部側の一手により、ゴーン氏側に打つ手がなくなり、「保釈請求」と「却下」を繰り返すだけになっていったことは、一目瞭然だ。

もっとも金商法違反から特別背任への展開は、予想通りだった。ただ一つ、大きな勘違いがあったとすれば、「ゴーン氏が『黒い経済界』について、多少は通じていた可能性をにおわせる」と低い評価をしてしまったことだ。

黒い経団連会長

展開が予想通りだったとはいえ、12月21日の東京地検特捜部が発表した容疑内容に私は驚いた。日産の名前と巨額資金をフルに利用した構造は、「黒い経済界に多少通じてい

る」レベルではない。

続いた勾留延長と再逮捕に、日本の「人質司法」を批判する論調のメディアも多くあった。しかし12月21日の特別背任罪容疑での再逮捕の後、特捜部が発表した容疑内容によって「ゴーン氏擁護」の論拠は空疎なものになったと、私は考えている。経済ヤクザだった私もマネーロンダリングに手を染めていたが、ゴーン氏の「黒い錬金術」は同種のスキームでありながら、私も経験したことのないスケールのものだったからだ。

もし「黒い経団連」があるならば、ゴーン氏を会長に推挙したいほどだ。一方で、この手口を理解できる人間はほとんどいない。この犯罪の本質は、黒い金融界で実務を行った者にしか理解できない。

蛇の道は「猫」ということで、私こそ本件の解説者として適任だと自負している。

私は特捜部に肩入れする気持ちを微塵も持ち合わせていない。ゴーン氏ほどのスケールではないものの同じ世界に生きたことから、心情的にはゴーン氏にシンパシーさえ抱いている。とはいえ一連の分析は、そうした感情に無関係な、黒い国際金融の実務常識に従って合理的に導き出した結果であることは、最初に強調したい。

結論から言えば、特別背任をゴーン氏単独で行うことは不可能で、共犯とは言えないまでも「協力者」がいなければ成立しない。金融犯罪は、露見しないように、加害者側が複雑なスキームを作って行う。事件についての情報がアップデートされていったが、報道された事実を使って、その一つ一つをひも解いてみよう。

注目しなければならない二つのポイント

まずは特捜部の発表とその後の報道によって、特別背任容疑の内容を整理しよう。

・ゴーン氏は新生銀行との間で、金融派生商品（通貨取引のスワップ取引）で個人資産を運用していた。しかし2008年9月15日のリーマン・ショックの影響で、約18億5000万円の評価損の損失を出す。このことで、新生銀行側はゴーン氏側に追加担保を求めた

・そこでゴーン氏は「取締役会で契約の移転を決議する」という「虚偽の約束」を新生銀行側とする

・同年10月、ゴーン氏は評価損を抱えた金融派生商品を日産に移転させる。ほぼ同時期に知人で、サウジアラビアの実業家ハリド・ジュファリ氏から2000万ドル（当時のレートで約20億円）を提供される

・証券取引等監視委員会が移転の違法性を指摘。これを受けて09年2月、ゴーン氏が自身に再移転させるが、その際に新生銀行が追加担保を求める

・ジュファリ氏が約30億円の「ＳＢＬ／Ｃ」（信用状、後述）を外資系銀行から新生銀行へ送り、ゴーン氏の追加担保にした

・この時、ジュファリ氏側に日産から30億円の融資が計画されたが、社内承認が得られず中止になった（この指示はゴーン氏によるものだったことが報じられている）。

・しかし09年6月～12年3月の間に、ゴーン氏は自らの判断で使うことのできる「ＣＥＯ予備費」から「販売促進費」の名目で、ジュファリ氏が経営する会社に１４７０万ドル（約16億円）を振り込んだ

・ジュファリ氏の会社で「販売促進」が行われたかは確認されておらず、追加担保への謝礼と目されている

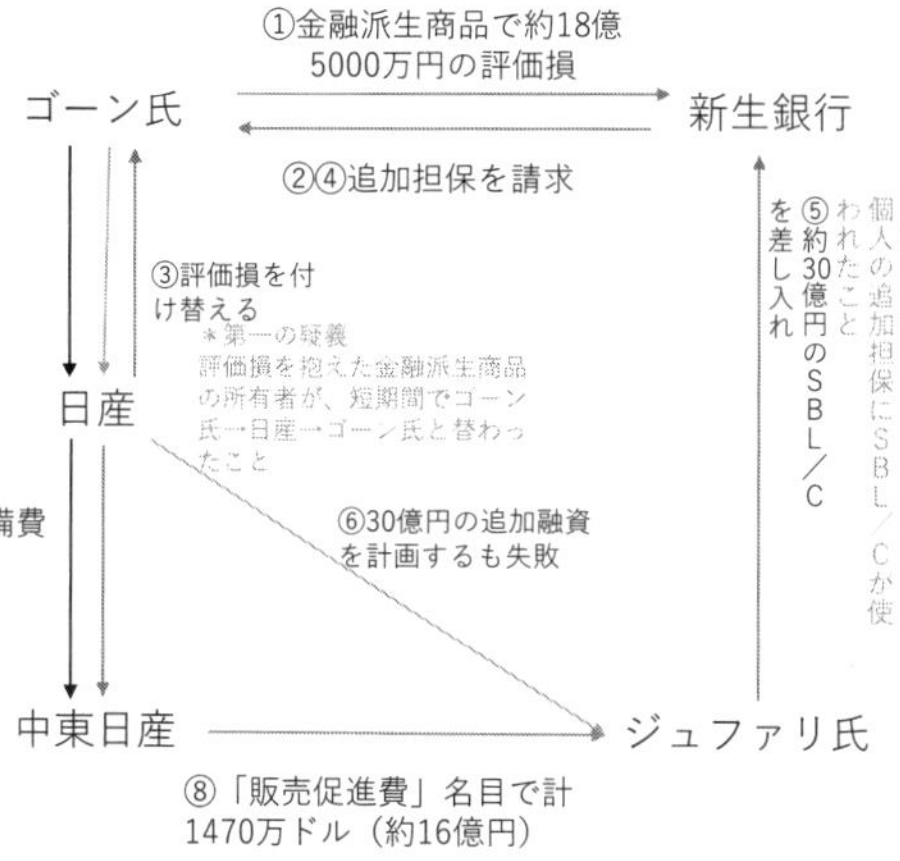

図１

これらを図１にまとめたが、要約すれば、会長という立場を利用して、焦げ付いた個人投資

の損金を知人に保証させ、謝礼を日産に肩代わりさせたということだ。それは会社法960条1項にある、

「自己若しくは第三者の利益を図り又は株式会社に損害を加える目的で、その任務に背く行為をし、当該株式会社に財産上の損害を加えた」

という特別背任罪に当てはまる。また08年10月にジュファリ氏から約20億円が提供された件は、19年5月に特捜部による訴因変更請求により明らかになった。この約20億円はリーマン・ショックで巨額の損失を出したゴーン氏への資金援助だったことが報じられている。訴因変更請求は行われたものの、それ以外のストーリーに変更が加えられていないことから、約18億5000万円の評価損を巡るやりとりと、この約20億円の資金援助は別なものと考えるべきだろう。

そこで注目しなければならないポイントは、

①金融派生商品の損金を日産に付け替えたこと
②ジュファリ氏が追加担保としてSBL／Cを使ったこと

の2点となる。私には、これらが異常なことだとしか思えない。

個人負債を日産に付け替える異常性

最初の異常性は、評価損を抱えた金融派生商品をゴーン氏→日産→ゴーン氏と短期間で目まぐるしく移転できたことだ。

ゴーン氏の金融派生商品は「為替スワップ取引」と呼ばれるものだが、実例で説明しよう。ゴーン氏は08年夏頃からこの金融派生商品での個人資産運用を始めたが、当時春頃の円／ドルレートが、１０３円前後だったのに対して、夏に入ってからは円／ドルレートは１０６〜１０８円を推移しており、円安に進むことが予想されていた。ところが９月のリーマン・ショックで為替相場は一転し、10月には90円台を記録するほどの円高となる。巨額の損失を生んだこととこのレートの推移と合わせれば、ゴーン氏が円安への推移を読んでいたということが導き出されるだろう。

ここで問題になるのは、この金融派生商品で、追加担保を求められた（マージンコール＝追証）ことだ。株式投資では自己資本以上の投資を行う信用取引が可能で、成功すれば大きな利益を生むが、失敗して焦げ付きが大きくなると追証を求められる。為替スワップでは自己資本の信用を大きく超える負債の場合、マージンコールではなく、ロスカット（負債額の強制決済）を行うのが基本的なルールだ。ましてやマージンコールされる程の負債額を抱えながら、所有者（ポジション）を移転することは通常では考えられない。

08年10月、ゴーン氏はマージンコールに対して、新生銀行側に、

①自分の信用保証を増やして欲しい
②日産が自分の代わりに保証する
③他の金融機関に契約を付け替える

という三つの提案をしたことが報じられている。

だが、新生銀行側は、①の提案を却下する。追加担保を求められている状況で、借金に借金を重ねることはできないという判断だ。

②について新生銀行側は「日産社内の手続きを経た適法な保証」を求めたが、当初は話が進まなかった。そこでゴーン氏自身が他の金融機関に相談した（③）。しかし、新生銀行の基準でダメなものが、他の金融機関で受け入れられるはずもなく、断られてしまう。そこでゴーン氏側が社内手続きを経た付け替え（②）を実行する。

しかし、ゴーン氏が取締役会に提出したのは、私的な損失を日産が保証することを明言したものではなく、

「すべての外国人取締役の報酬を運用する権限を秘書室幹部に与える」

という模糊としたものだった。これが「虚偽の約束」の根拠となっている。

だが負債額を抱えながらの所有者移転というウルトラCが成立するには、新生銀行側がゴーン氏側から「虚偽の約束」だけではなく、「負債の処理の仕方」の説明を受け、それ

を承認したとしか考えられない。③を実行したものの、他の金融機関に相談を持ちかけ拒否されているからだ。その時、当然のように「日産への付け替え」も提示したと考えるべきだろう。つまり、どの銀行もそんな危ない橋は渡れないと判断したということだ。

自己の利益のためであれば、相手が倒産しようが破産しようが貸し剝がしを行うのが、銀行の冷徹な倫理観だ。「取り戻せる」という保証なしに、危ない橋を渡るという決断は特に日本の銀行にはない。「絶対の説明」がないところに「決断」はありえない体質なのだ。

新生銀行は、格付けがスタンダード&プアーズではBBB+、ムーディーズ・ジャパンではBaa2。対して、売上高はりそなホールディングスに次ぐ国内7位の3838億円となっている（2018年3月期）。その理由はこうした「決断」をできるところにあるのかも知れないが。

第二の異常は、ゴーン氏の模糊とした説明を取締役会が了承したことだ。この決議ではゴーン氏が「No Cost」という言葉を使ったことが議事録に書かれていると報じられているが、これは当然「日産は損をしないのか？」という質問に対する答えということになる。ということは、ゴーン氏の一連の挙動を疑っていたのは、他ならぬ取締役会ということが導き出される。いくら絶対権力を持ったトップとはいえ、このような意味不明な突然の提案に、一部上場企業である日産がゴーを出すだろうか――疑いを持ちながら、決議した時点で日産も協力関係にあるとされてしまうのは当然だろう。

新生銀行と日産が「協力者」であると考えるより大きな理由が、証券取引等監視委員会による指摘の一件だ。

証券取引等監視委員会は、この年の秋に新生銀行を定期検査して、ゴーン氏の付け替えを発見。この際に、「特別背任に当たる可能性」と「共犯関係にある可能性」を新生銀行側に指摘し、警告している。この時点で新生銀行側は一連のやり取りが極めて悪質な行為であることを公的な立場の第三者から指摘されたということになる。ここで新生銀行側はゴーン氏との関係を清算することもできたのに、翌09年2月、ゴーン氏に再移転までしているのだ。

また、この時点でゴーン氏の報酬の運用が日産の秘書室幹部に一任されることが決議されていた。証券取引等監視委員会の指摘が一任された秘書室幹部に伝わっていないとすれば、新生銀行側に問題があることになる。逆に、秘書室幹部に伝わっていながら会社側に報告をしなかったとしたら、それは日産の企業体質の問題になると言えるだろう。

こうして問題点を浮き彫りにしていけば、新生銀行と日産の間には、「違法性を認識していながら、ゴーン氏に付き合った」

という共犯関係しか導き出せないということになる。とんでもない「アライアンス」だ。

追加担保に使われた「信用状」とは

ゴーン氏の協力者の整理ができたところで、第三の「異常」への解説を試みたい。重要な要素になるのが、ゴーン氏の知人である「ジュファリ氏」と、担保として差し入れられた「信用状」だ。まずは「信用状」から解説をしよう。

「信用状」を介した売買取引が恒常化しているのが、貿易の世界だ。石油取引を考えればわかりやすいと思うが、売買金額の大きな船積みの商品取引では、到着までに時間がかかる。その場合、輸入業者が輸出業者に前払いすれば商品を入手できないリスクを輸入業者が負い、輸入業者が輸出業者に後払いをすれば輸出業者が代金を回収できないリスクを負うことになる。

こうしたリスクを回避するために貿易取引では「Ｌ／Ｃ」（信用状）取引が行われることがある。売買契約を結んだら、輸入業者が自分の地元銀行にＬ／Ｃという証券を発行してもらい、そのＬ／Ｃを輸出業者の地元銀行に送ってもらう。輸出業者の地元銀行はＬ／Ｃが発行されたことを輸出業者に通知して、それを受けて輸出業者が商品を送るという仕組みだ。

輸出入業者各々の地元にある銀行が決済を保証することで、貿易独自のリスクを回避して円滑に商取引を成立させるというものである。

Ｌ／Ｃは物の取引に利用され、船積みごとに発行される。「取引の信用」を担保するために、Ｌ／Ｃには、「インボイス」（送り状）や、船名などの「ドキュメント」（書類）が添付される。

このＬ／Ｃを「物」だけではなく、「金融取引」などにも使えるようにしたものが「スタンドバイＬ／Ｃ」（ＳＢＬ／Ｃ）だ。

Ｌ／Ｃは船積みのたびに発行しなければならないのだが、ＳＢＬ／Ｃは複数の輸送に使うことができる。「物の取引」の場面で、１回の取引に10回の輸送が必要になる時の決済にはＳＢＬ／Ｃを使った方が便利ということになる。

「金融の取引」の場合、例えば日本の企業が海外に子会社を作り、現地銀行から10億円の融資を受けたいとする。そこで、本社の取引銀行が10億円のＳＢＬ／Ｃを発行し、子会社の地元銀行に送れば融資が受けられるという仕組みである。

このようにＳＢＬ／Ｃは表の世界で普通に利用されている一種の決済方法だ。

信用状を個人負債に使う異常性

金融取引に利用できるＳＢＬ／Ｃは、国際金融で「手形」のようにも利用されている。日本では行われないものの、例えば額面１０００億円のＳＢＬ／Ｃを元にファンドを形成することは、まっとうな金融マンが行う常套手段だ。国際金融の世界では、額面だけが巨大な証券や債券などのペーパーマネーを元手に、日々資金調達が行われ、調達された資金が投資へと運用されている。

しかしここで疑義が生まれる。

前述のように証券としてのＳＢＬ／Ｃの使用範囲は貿易に限定されない。とはいえ「物」の輸送で使う場合には出荷証明書や品目などのドキュメント（書類）を、会社間の取引では登記簿などを、「手形」のように使用する場合には使用者、目的などのドキュメントを添付しなければならない。

いくらＳＢＬ／Ｃが手形のように利用できるとはいえ、個人の負債の担保に使用することは、資金移転の疑いがかかる異常な行為と言える。なぜならジュファリ氏が「知人の厚意」としてゴーン氏を援助するのであれば、わざわざＳＢＬ／Ｃなどを使わずに、現金なり、それこそ小切手を送ればそれで済む話なのだ。実際に08年10月には20億円を提供しているのだから。

またSBL／Cの差し入れに際して、ゴーン氏は「個人資産の管理会社」、ジュファリ氏は「自身の関連会社」と、ドキュメント上では「会社間」を取り繕っているはずだが、これはかなり苦しい言い訳だろう。というのは、ゴーン氏と取引関係にあった新生銀行は、渡されたものが「ゴーン氏の個人資産」であることを知っているからだ。

ただし、こうした異常なことを恒常的に行っている人々も世界には少なからず存在する。それこそが犯罪組織やテロ組織を含めた「黒い経済人」たちだ。

アメリカ同時多発テロ事件「9・11」後の世界では、犯罪資金やテロ資金根絶を目的に、国家間の金融移動が厳しくチェックされている。各銀行は海外送金について厳しい審査基準を設けるよう、各国の監督省庁が徹底的に指導している。そこで銀行は海外からの送金を精査する「トランザクション（取引）部門」と「コンプライアンス部門」を設けて二重のチェック体制をとっている。

国際間の金融取引に詳しい知人の金融庁関係者は一連の報道を見て、「よく新生さんは、この場面でSBL／Cを受け付けたな」と驚きを隠さなかった。個人間の負債担保としてSBL／Cが使われた「異常性」について、新生銀行が見落としていたとしたら、金融庁から免許を発行された金融機関として問題があると言えるだろう。逆に見落としではなく、故意だとすればもっと問題なのだが――。

30億円のSBL／Cに必要な金額は……

さて、ジュファリ氏からの30億円のSBL／Cだが、ゴーン氏が焦げ付いた場合、ジュファリ氏には支払い義務が生じることになる。ゴーン氏側もこれについて、

「ジュファリ氏は極めて高いリスクを負った」

と主張している。

こう聞くと多くの人はSBL／Cの発行には、実際に30億円の現金が必要だと考えてしまうだろう。しかし、それは大きな間違いだ。証券としてのSBL／Cは国際金融の市場ではそれ自体が「証券」としてリースされたり、売買されたりしているのだ。

30億円のSBL／Cをリースする際に必要な金額は、年7％の使用料と、2・5％の手数料で約3億円というのが、国際金融での常識的な相場だ。発行銀行の格や相場にもよるのだが、額面「30億円」の売買金額は、安くて4000万〜5000万円というところだろう。

実は、自分で発行するとしても30億円の現金は必要ない。国際金融の世界には「ジャンク債」と呼ばれる債券が存在していて、それはペーパーマネーとして利用されている。極

端な例で言えば、1万円で額面が1億円の債券（ペーパーマネー）も存在しており、それを元手にSBL／Cを発行することができるのだ。

手数料などの諸経費を除くなど誇張気味に言えば、額面30億円のSBL／Cは、わずか30万円で作ることが可能だ。

ジュファリ氏がゴーン氏に差し入れたSBL／Cは、リース、売買、あるいはペーパーマネーを元に作られたものだと私は確信している。こう判断できるのは、かつての私ならそうするからだ。もっと言えば、ゴーン氏のような個人間の担保としてSBL／Cが使われる場合に、額面通りの金額を用意している人物を私は知らない。

SBL／Cには、誰に対してのものなのかという「発行先」（ベネフィシャリー）が記載されている。振り出し元がコケた際に、責任を負うのがこのベネフィシャリーである。そこで重要になるのが、ベネフィシャリーの信用能力だ。

そもそもゴーン氏個人に支払い能力があるのであれば追加担保は必要ない。したがって30億円のベネフィシャリーがゴーン氏（あるいは資産管理会社）であることは考えにくい。合理的に考えれば、ベネフィシャリーが「日産」でなければ、この取引は成立しない。

この時、証券取引等監視委員会がゴーン氏→日産への付け替えを把握し、違法の可能性があることを、新生銀行側に指摘していることはすでに書いた通りだ。日産→ゴーン氏への再移転にあたって、かけこむような形で、ＳＢＬ／Ｃのベネフィシャリーを、大企業「日産」にしたことが自動的に導き出されるだろう。

一つ一つの要素を整理していけば、ゴーン氏が「日産」の名前や信用をフルに利用して、ジュファリ氏に協力を依頼しながらその処理をしたということになる。新生銀行が、新たに生まれた危ない橋を渡る決断をしたのには、国家ブランドのトップである威光と、カリスマ経営者としての存在感が大きく寄与したことは想像に難くない。同時に、すでに違法性の指摘を受けているにもかかわらず、「日産名義」として振り出されたＳＢＬ／Ｃを受け入れた新生銀行が、何らかの責任を問われることは当然だと言えるだろう。

日産からジュファリ氏への30億円の融資計画は、08年10月の約20億円と額面30億円のＳＢＬ／C差し入れの見返りと報じられている。そして、この計画を承認しなかったということは、日産が09年の時点で、ゴーン氏の「妖しさ」を認識していたということも導き出されるだろう。

すなわち、ゴーン政権下の日産は、少なくともこの時点から逮捕の日まで、こうした行為を、結果的に容認していたとも言える。

「マネーロンダリング」

こうしてひも解いていけば、ゴーン氏が行ったことが単なる「特別背任」でないことが理解できるだろう。ジュファリ氏が額面よりはるかに安い金額で入手したSBL／Cをゴーン氏に差し入れ、ゴーン氏が日産の「名前と資金」を利用できるだけ利用し、最終的には決裁権を持つ予算から１４７０万ドル（現在のレートで約16億円）を振り込む——これは「マネーロンダリング」の構造そのものだと私は考えている。

「資金洗浄」と直訳されるマネーロンダリングだが、具体的には「資本移転」と「自己資本還流」で構成される。ここには二つの「資金移転」と「自己資本還流」が存在しており、実際にマネーロンダリングを行った経験のある私の観点からすれば、「マネーロンダリング」にしか見えない。

一つ目の「資金移転」「自己資本還流」は、ゴーン氏が自己損失である18億５０００万円の信用保証を「日産」に移転させて埋め合わせたことだ。

そもそも私は、ゴーン氏の金融派生商品が、単なる為替スワップ取引であることを疑っている。リーマン・ショック後の相場下落を考えて、ゴーン氏が約20億円ともされる年収の全額を通常のスワップ取引に投資してもマージンコールの額はせいぜい１億円か２億円に過ぎない。19億円のマージンコールが請求されるとすれば、評価額のポジション（額面）は１００億円以上のものになっているというのが、この派生商品の特徴だ。「たかが」20億円の年収では不可能な数字と言えるだろう。

そこで考えられるのは、テコを意味する「レバレッジ」を使って、高いリスクを抱えながら自己資産を運用すること。借金で博打をするような投機だ。マージンコールの金額から合理的に逆算すれば、ゴーン氏がより投機性の高い金融派生商品に手を出したとしか私には考えられない。

だがゴーン氏が健全なスワップ取引をしていようが、ギャンブルのような投機を行っていようが、リーマン・ショック直後の円高推移は、年明けから急速に円安へと推移している。信用の追加によって、ゴーン氏が最円高期に円安に投資をしていれば、損失どころか大きく儲けを生んでいることになる。一連の報道でも、損失の「その後」は一切明かされていない。ジュファリ氏から得た追加担保によって儲けたとすれば、埋め合わせどころかＳＢＬ／Ｃを軸にした資本還流が成立することになる。

もう一つはジュファリ氏だ。額面よりはるかに安い金額で発行されたＳＢＬ／Ｃを元手に約16億円も入手したことは、資金移転と資本還流以外の何物でもない。

もし30億円の融資が認められていれば、日産の被害額はもっと大きなものになった。これが、今回の容疑の本質は「日産」を利用した「特別背任」という経済事件というだけではなく、国際金融を舞台にした「マネーロンダリング」という犯罪だと、私が分析する根拠である。

第2章

世界を行き交うマネーのシステム

国際送金システム「SWIFT」

さて、ここからゴーン氏の事件のさらなる深層に話を進めていきたいが、私はこの事件の鍵が、国際送金システム「SWIFT」の中に埋まっていると考えている。その結論を共有するためには、国際送金システム「SWIFT」の理解が不可欠となる。

そこで「SWIFT」の解説から始めよう。

ネット通販が当たり前になった現在では、アメリカの「Amazon」、「eBay」などからも、多くの商品を個人輸入することができる。この時の決済はクレジットカードだが、世の中の貿易すべてをクレジットカードで行えるはずがない。ドルでしか決済できない上、取引金額の大きな石油や穀物、また鉄鋼、車などの輸出入取引で決済する時の送金手段として用いられるのが国際送金システム「SWIFT」だ。

ほぼすべての国際決済が通過するSWIFTは送金方法を指すのではなく、国際銀行間通信協会（Society for Worldwide Interbank Financial Telecommunication）の略である。これは1973年にベルギー王国のブリュッセルに設立された共同組合形式の団体で、作り上げたシステムは現在でも、海外に送金する時のスタンダードな方法となっている。海外に送金を行う場合、SWIFT海外送金ネットワークを用いて行われる。

ＳＷＩＦＴのネットワークは各金融機関間を専門回線で繋ぎ、専用端末を通じて操作することから、維持費が高い。外国への送金手数料が高額なのは、このためだ。そして、ＳＷＩＦＴ送金は現金を銀行から銀行へ直接動かすわけではなく、テキストメッセージで送金を行う。

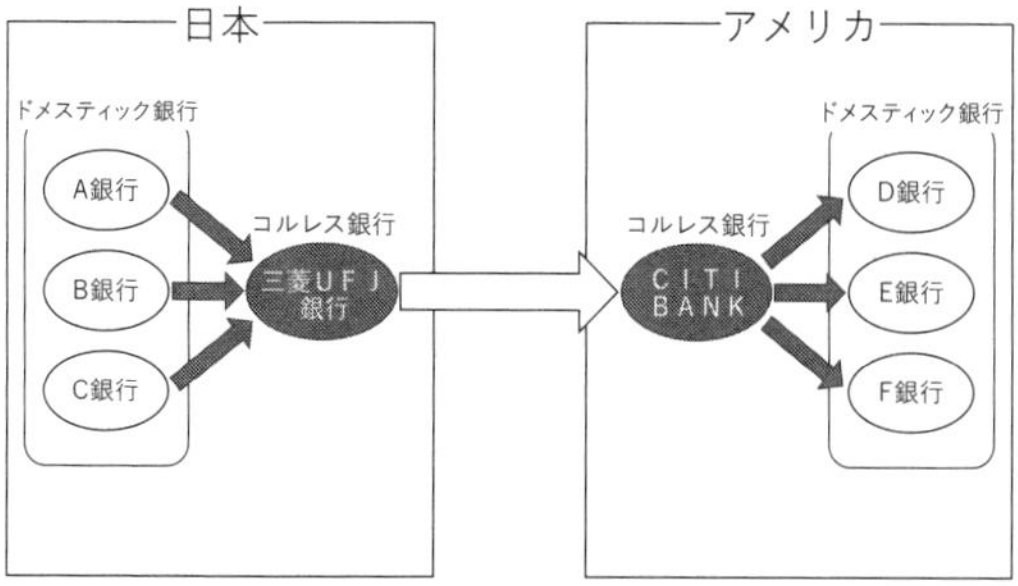

図2

このメッセージ文には独特のルールが設けられている。テキストは「ＭＴ」と1～9の数字で始まる「3桁」の数字の組み合わせで構成される。「ＭＴ１００」番台がキャッシュベースの送金。「ＭＴ５００」番台と「ＭＴ７００」番台は、証券ベースの送金方法だ。ＳＢＬ／Ｃもここを使う。ＳＷＩＦＴシステムで資金の動きを指定するテキストは一種のプログラムのようなもので、「プロトコル」と呼ばれる。複雑な資金移動には複雑なテキストが必要ということで、プロトコルも複雑なものになる。

例えば、日本からアメリカへ現金を送金する時は、普通だったらＭＴ１０３という書式のメッセージが送られる。送られるのは金額などのテキストだけなので決済しないといけないのだが、その決済をしているのが、ＳＷＩＦＴという機関である。

皆さんの考える「送金」とは、自分の銀行口座から相手先の口座に現金を振り込む、「ＭＴ１０３」のような一対一のストレートな送金だろう。しかし、ＳＷＩＦＴシステムが行える送金方法は、これだけではない。日本からドバイを経由して、イスタンブールで証券に換えて、シティ・オブ・ロンドンを経由してニューヨークの指定口座に振り込むなど、テキストの書き方によって複雑な経路で送金することができるのだ。

通常、銀行間の金融取引は各国の中央銀行を通じて行うが、外国の銀行へ送金する場合には中央銀行が存在しない。ということで、通貨ごとに「コルレス（Correspondent＝遠隔地の取引先の略）銀行」という中継銀行が指定されている。米ドルならばシティバンクやＪＰモルガン・チェースなど、ユーロであればドイツ銀行がコルレス銀行だ。

かつて日本では東京銀行がコルレス銀行だったが、現在は東京銀行を吸収合併した三菱ＵＦＪ銀行や、ＳＭＢＣ（三井住友銀行）などがコルレス銀行になっている。

日本の地方の銀行から、アメリカのユタ州の銀行口座にドルを送金する場合、まず三菱ＵＦＪ銀行やＳＭＢＣを通じてシティバンクにテキストメッセージが送られ、そこからユタ州の銀行口座へとテキストメッセージが伝送されるということになる。その後、ＳＷＩＦＴが決済するという流れだ。

コルレス銀行ではない銀行は、私たちの世界で「ドメスティック銀行」、略して「ドメ銀」「ドメ」と呼ばれている。ゴーン氏の新生銀行も「ドメ銀」に他ならない。

２００１年９月11日以降の国際送金

この仕組みから、ＳＷＩＦＴには誰がいつ、誰宛にどこの銀行でいくらどういう風に送ったかという膨大な世界中の送金記録が収められている。麻薬の国際取引などで決済する場合など、黒い経済人たちもＳＷＩＦＴを使って送金を行っていた。汚い金がやり取りされていることがわかっていたのだが、一方で金融というデリケートな個人情報であることから、犯罪捜査のためにＳＷＩＦＴをこじ開けることは倫理面から逡巡《しゅんじゅん》されてきた。

この倫理を破壊したのが、アメリカだ。きっかけになったのが２００１年９月11日に起こった、アメリカ同時多発テロ事件である。

実行犯のリクルートから、生活費、武器の調達、訓練費用、逃走費用、残された家族へのケアに至るまで、テロの実行には莫大な資金が必要になる。ＳＷＩＦＴを開示することは人権を蹂躙する行為で普通に考えれば許されなかったが、「９・11」という未曾有の事態に直面したアメリカは、力で押し切りＳＷＩＦＴを開示させた。最初は９・11事件の捜査目的だったが、「テロ対策」ということであらゆるテロリストや、犯罪者の金の流れを規制・監視しているのが現在だ。

ヨーロッパ各国がプライバシーなどの問題でＳＷＩＦＴの開示に慎重な姿勢を示す中、アメリカは国益のためにＳＷＩＦＴの内部にアクセスするただ一つの国となっている。監視対象へのリストアップに「推定無罪」は適用されない。疑わしい者すべてが「被疑者」となる。

アメリカの動きに追従するように、国際社会においてはテロとの戦いに対して新たな仕組みを作るのではなく、既存の二つの機関を並列させて取り組むことになった。

一つは、政府間機関「ＦＡＴＦ」（ファトフ　Financial Action Task Forceの略）だ。ＡＭＬ（Anti-Money Laundering＝マネーロンダリング対策）とＣＦＴ（Combating the Financing of Terrorism＝テロ資金供与対策）のための国際的な協調指導、協力推進のため、89年にフランスで開催されたアルシュ・サミットの経済宣言によって設立された組織だ。

マネーロンダリング対策と、テロ資金供与対策はＡＭＬ／ＣＦＴと略されるのだが、ＦＡＴＦは9・11以降、ＡＭＬ／ＣＦＴに関する国際的な協力についても指導的な役割を果たすようになった。そして、ＡＭＬ／ＣＦＴに関する国際基準である「ＦＡＴＦ勧告」の策定及びアップデートを行う。加盟国がこの勧告を守っているか監視するとともに、非加盟国に対して支援活動をする。

黒い経済人たちはＦＡＴＦ勧告のアップデートを常に注目しており、それに応じて新たな資金移転の方法が生み出されている。

もう一つが、国連薬物犯罪事務所（ＵＮＯＤＣ）だ。麻薬はテロ組織の資金源として非常に優れた商品ということで、原料の栽培、製品の製造も含めて麻薬そのものを取り締まることでテロ組織の資金の入り口を規制しようというものだ。

現在各国の金融機関が「トランザクション（取引）部門」と「コンプライアンス部門」を設けて二重のチェック体制をとっているが、これもＡＭＬ／ＣＦＴの要請に従った措置である。

かつて、マネーロンダリングの聖地とされていた香港のＨＳＢＣ（香港上海銀行）は現在ではＡＭＬ／ＣＦＴ規制によって、国際送金がほぼ不可能な状態だ。２０１７年末に私自身がテストをしたが、８８００ドル（約93万円）、１万５０００ドル（約１６０万円）、15万ドル（約１６００万円）の計３回日本に送金したうち、成立したのは８８００ドルだけだった。

このように、ＡＭＬ／ＣＦＴによる監視・規制は実体経済に不利益を与えるほど強化されていて、社会問題として提起する論文も存在するほどとなっている。ジュファリ氏がＳＢＬ／Ｃを使って送金したことがリスクになると指摘したのはこういった背景があるからだ。

ゴーン氏から私が依頼を受けたら……

今年1月31日の日経新聞では、ゴーン氏のインタビューが報じられた。東京拘置所に収容中ということもあって、わずか1106文字の一問一答だったが、冒頭で日産の不正調査について問われるとゴーン氏は「策略であり、反逆だ」と答えて、自分に非がないと主張している。

逮捕直後の18年11月22日に、日産の取締役会で会長職と代表取締役から解任。4日後の26日には三菱自動車においても会長職と代表取締役から解任され、両社の取締役となったゴーン氏。さらに19年1月24日には、ルノーがゴーン氏の辞表を認め、会長兼CEO（最高経営責任者）からの退任を決定した。19年4月8日には日産が臨時株主総会を開き、ゴーン氏の取締役解任を決定。日産との関係は完全に分断されることとなった。

繰り返すが、黒い世界に生きた私が、心情的には東京地検特捜部より、ただの被告となったゴーン氏にシンパシーを感じているのは、偽らざる気持ちである。

そこで私が「黒い経済界の巨人」の投資顧問として、すでにジュファリ氏から約20億円の資金援助を受けているゴーン氏から、さらなる送金方法の相談を受けていたとしたら、どう対応しただろうか――。

①安全に資金を差し入れ

②ジュファリ氏の負担を最小限にし

③できる限り、日産を巻き込まない

の三つを同時に満たす方法を自分なりに模索してみた。黒い国際金融の世界に生きた、元経済ヤクザの腕の見せ所と言えるだろう。

ゴーン氏はマージンコールを要求され、日産への付け替えの違法性を証券取引等監視委員会から指摘されている状態だ。この状況で、ゴーン氏に信用保証として差し入れる場合、もっともクリーンな方法は、08年10月に行った「約20億円」と同じように「30億円の現金」ということになる。あるいは「小切手」を送れば済むだけだ。

現金も小切手ももちろんＳＷＩＦＴで送ることができ、「ＭＴ１００」番台を使うことになる。

日本を除く銀行間では多額のマネーを送付する人物を、常に自動的にリスト化して情報共有がなされている。脱税、テロリスト、犯罪者であれば「危険人物」として、何度も巨額の現金を送受信している場合「要注意人物」としてカテゴライズされる仕組みだ。

現金や小切手をストレートに送金する場合は、送る側、受け取る側の名前がダイレクトに出る。ＳＷＩＦＴは電子情報なのだから「ＭＴ１００」番台でソートをすれば、簡単に両者の名前を把握することができるということだ。

スモークガラスの黒いベンツで歌舞伎町や六本木に行けば、「職務質問をしてください」とお願いしているようなものだが、ＡＭＬ／ＣＦＴが厳しい現在「ＭＴ１００」番台で巨額の現金の送受信をすれば、「六本木ベンツ」のようなリスクを負うことになる。たとえ悪いことをしていなくても、そうした疑惑が円滑で健全なビジネスにとってマイナス要因になることは言うまでもない。

このロジックから考えれば、「現金」「小切手」は選択肢から外れることとなる。

そこで登場するのが証券だ。証券は本人の手を一度離れて、コンプライアンスのしっかりした金融機関を介するがゆえに監視の目が緩い。ということで、ＳＷＩＦＴで送受信する時、「ＭＴ５００」番台や「ＭＴ７００」番台で送ることのできる証券を、国際金融の住民は好む。

私がゴーン氏のケースで相談を受けたら、まず「ＰＯＦコラテラル」と呼ばれる送金方法を勧めるだろう。コラテラルとは「担保」の意味だが、「担保として用意した現金」（キャッシュ・コラテラル）に対して、金融機関から「資金証明」（Proof of Funds＝ＰＯＦ）を相手銀行に通知してもらうという仕組みだ。

「ＰＯＦコラテラル」はこの略称である。乱暴な言い方をすれば、この後に出てくる様々な証券の中で、もっとも現金や小切手に近い送金方法だ。

この場合、ジュファリ氏は、現金や小切手を送るのと同様、実際に30億円を自分の口座に用意しなければならない。また、その30億円はロックされ、期間がおわるまで1円も動かせない。加えて、個人対個人ということで、取引に「日産」の名前を利用する必要性のないクリーンなものだ。実際に30億円を用意しなければならないのだから、「ジュファリ氏は極めて高いリスクを負った」というゴーン氏側の主張も正しいことになる。

その後の円／ドルレートから考えれば、ゴーン氏が儲けを生んだ可能性は高い。30億円もの金をやり取りするほど旧知の間柄ということで、手数料に加えて利益の何％かを個人的な謝礼として渡し、贅沢な食事でも提供すれば両者の友情がますます深くなるというおまけも付いてくる。

しかし、ゴーン氏はこれを選ばなかった。すでにその直前の08年10月にジュファリ氏から約20億円の資金援助を受けており、これ以上の負担をかけることができなかったと考えるのが自然だろう。

次に考えられる選択肢は、「ＢＤ」（バンク・ドラフト）になる。「ＢＤ」の「Ｄ」はドラフト（手形）のことで、銀行が支払いを保証する小切手だ。送ると相手先銀行で手続きをすれば72時間以内に現金化するのが基本的ルール。ただし、この発行には現金の裏付けがなければならない。ということで、ジュファリ氏は「ＰＯＦコラテラル」同様に、30億円分の担保を用意しなければならない。

またＢＤは、相手側にも額面相当のクレジットライン（与信枠や融資枠）が必要とされる。30億円ものクレジットラインがそもそもゴーン氏にあれば、ジュファリ氏から資金援助を受ける必要も、ＳＢＬ／Ｃを振り出してもらう必要もなかった。「日産」のクレジットラインは不可欠となる。

ＢＤを使う時には、「日産」を利用することになる。非合法性は「ＰＯＦコラテラル」より一段高くなったと言えるだろう。

残る選択肢はＳＢＬ／Ｃしかない

次に考えられるのが「ＢＧ」（バンク・ギャランティー）、すなわち銀行保証書だ。発行者から依頼を受けた銀行が、依頼者の与信能力に応じて発行する「保証書」である。依頼者は銀行に額面相当の担保の差し入れと、保証料、手数料を支払わなければならない。

正規に銀行から発行させるのであれば、ジュファリ氏は額面相当の担保を用意し、保証料と手数料の支払いが生じる。またＢＤ同様に、「日産」のクレジットラインが必要となる。

しかしＢＧは証券としてだけではなく、貿易などの商取引にも利用される。表の世界の利用法としてはＢＧとＳＢＬ／Ｃとの実用上の差はほとんどなく、その時々の相手業者の指定によって選択されることが多いとされている。

両者の性質は極めて似ているが、ゴーン氏とジュファリ氏の取引をクリーンなものにする限界点がＢＧによる差し入れだと私は考えている。私がゴーン氏の相談を受けたならば、ＰＯＦコラテラル→ＢＤ→ＢＧの順番で推薦するだろう。しかし、どの方法を使ったとしても、ゴーン氏がジュファリ氏への謝礼を日産の「ＣＥＯ予備費」から捻出した時点で、私の努力は水の泡と消えるのだが。

商取引においてだけではなく、ＢＧとＳＢＬ／Ｃは国際金融の舞台でもよく似た証券だ。共にリースされていて、その標準的な相場は、ＳＢＬ／Ｃが額面の９・５％に対して、ＢＧは10％と差額もわずかだ。

そして両者ともに額面よりはるかに安い金額で作ることができる。銀行の発行手数料の相場が、額面の７・５％で、ブローカー（業者）が入ればそれに２％を足した額。額面１００億円のＢＧ、ＳＢＬ／Ｃで２０００万～３０００万円といったところだろう。

証券としてＢＧ、ＳＢＬ／Ｃを発行するには、それを保証する資産（バックアセット）が必要となる。一連の証券の性質を見て、「30億円のＢＧ（あるいはＳＢＬ／Ｃ）のバックアセットには、30億円かそれに近い担保や与信が必要なのではないか」と思ったら、それは大きな間違いだ。

前述したように、この世界には、「ジャンク債」と呼ばれる「クズ債券」が存在する。額面1億円の債券が1万円で入手できるというのもざらで、こうした債券はペーパーマネーとして実際に機能する。そして、立派なバックアセットとして利用することができるのだ。大げさな言い方をすれば、わずか数十万円の現金で入手した額面30億円の「クズ債券」をバックアセットにして、額面30億円のＢＧ、ＳＢＬ／Ｃを発行することが可能ということだ。その発行手数料は１０００万円弱といったところだろう。

さて瓜二つの兄弟のような証券だが、なぜゴーン氏とジュファリ氏はあえてＳＢＬ／Ｃを選んだのか——違いは「生みの親」にある。

ＢＧは銀行しか発行できないが、ＳＢＬ／Ｃは金融機関だけではなく、ブローカーも発行できる。ということはＳＢＬ／ＣはＢＧより、モラルが低く、透明性が低いということになる。

わかりやすく言えば、ＳＢＬ／Ｃは悪いことに使いやすいということだ。

私がジュファリ氏のＳＢＬ／Ｃをブローカーが発行したものだと考える根拠はこれだ。

ＳＢＬ／Ｃが差し入れられたのは、証券取引等監視委員会が、ゴーン氏が負債を抱えた金融商品を日産に付け替えたことを「違法」と指摘した後だ。このモラルが崩れた状態で、正規の金融機関にＳＢＬ／Ｃの発行を依頼しても断られる可能性が高い。指摘を受けたということで、再移転は喫緊の課題となっていた状況だ。

しかもジュファリ氏はすでに約20億円もの資金を援助している。もし追加を現物で援助するのであれば、現金、小切手、ＰＯＦコラテラルを利用しているはずだ。ここでＳＢＬ／Ｃを選択しているということは、これ以上、現物の提供はしにくい状況であったことが導き出せるだろう。

こう考えていけば、この場面で、発行を依頼するのはブローカーしかありえない。そして、こうしたＳＢＬ／Ｃの「黒い特徴」を熟知しているのは、黒い金融で実務を行った者だけで、それがゆえにＳＢＬ／Ｃが選ばれたと、私は考えている。

このように国際間の送金方法として利用される、各証券の性質を裏と表の両面からひも解くと、ジュファリ氏が少ない自己負担で、巨大企業「日産」を利用して、「違法性」を知りながら、あのタイミングで発行でき、なおかつジュファリ氏、ゴーン氏の2人で最大限の「黒い利益」を享受できる証券は、ＳＢＬ／Ｃしかなかったということになる。

日本の金融監視事情が実行を可能にした

表の経済は法令を遵守するがゆえに、「一般道」を走る速度でしか進めない。対して黒い経済界は「違法ギリギリの合法」という「高速道路」を自ら作り、一直線に走ることを強みとしてきた。坪1億円の土地が明日2億円になると知っていても、表の世界ではいくつもの稟議を通していかなければならない。しかし暴力団経済は、一声でその金を用意する。ただし返済が滞った場合、暴力が行使されることは言うまでもない。

表の世界がリスクヘッジのために慎重さを必要とするのに対して、暴力団経済は「暴力と恐怖」が踏み倒しなどのリスクをヘッジする。それゆえ「早い金」でビジネスができるのだ。その世界に生きた私でも、ゴーン氏からSBL／Cの差し入れを指示された場合、私の方からゴーン氏との取引を断ることになる。

リスクが高すぎるからだ。

ではなぜゴーン氏はこれを行ったのか――それは日本の金融捜査の緩さを認識していたからではないかと、私は考えている。その大きな背景になるのがAML／CFTとして国際社会から求められていた「共謀罪」の成立だ。

日本では組織犯罪に対する法律として、1992年に「暴力団員による不当な行為の防止等に関する法律」、いわゆる「暴対法」が施行される。だが、オウム真理教によるテロ事件をきっかけに、組織犯罪に対する新たな法律を作る気運が高まり、99年に「組織的な犯罪の処罰及び犯罪収益の規制等に関する法律」、すなわち組織犯罪処罰法が制定される。「共謀罪」は、この組織犯罪処罰法に「テロリズム集団その他の組織的犯罪集団による実行準備行為を伴う重大犯罪遂行の計画」（テロ等準備罪）を付け加えたものだ。テロ組織や暴力団、あるいは詐欺集団などが、重大な犯罪を計画や準備したことを処罰する法律である。日本において「共謀罪」は、AML／CFTの問題としてではなく「人権」の問題となって紛糾した。結果、ようやく成立したのが2017年のことだ。

共謀罪は国連の国際組織犯罪防止条約、通称「パレルモ条約」の加盟条件で、条約を締結しなければ、金融犯罪の情報共有は行われない。日本を除く銀行間のみで、不審者リストが共有されているのも、その影響である。

国際水準と言えないまでも、金融システムが適度に整備されていながらパレルモ条約に未加盟だった先進国「日本」は、黒い経済人にとって「楽園」とも言える土地だった。共謀罪の成立で、黒いマネーが往来しにくくなる下地が、ようやくできあがったということだ。

ということで、日本においては金融犯罪の捜査体制が、国際水準から出遅れている。

資金洗浄やテロ資金供与などを扱うために、FATFは1990年、各国に疑わしい金融取引を調査、分析し、捜査するFIU（金融情報部門）の設立を求めた。日本においては2000年、ようやく金融監督庁（現・金融庁）内に、FIUの日本版である「JAFIO」が創設された。そのJAFIOは、07年に国家公安委員会へ移管され「JAFIC」となっている。しかし、その矛先は主に「暴力団」など、極めてわかりやすいドメスティックな金融犯罪にしか向かっていないのが現実だ。

1月31日の日経新聞のインタビューでゴーン氏は、

「証拠は日産がすべて持っており、社員との接触も日産が禁じている状態で、どうやって証拠を隠滅できるのか」

と答え保釈を訴えている。

確かに証拠は日産が持っているが、日産からジュファリ氏などに流した金が、ゴーン氏に再還流されているかどうかは未だ不透明だ。国際金融捜査のアプローチが行われなければ、ゴーン氏への資金還流の有無は確認できないというのが、日本の現状である。

資金ルート解明のためには、関係した口座ばかりか、時には銀行そのものを凍結するなど、人権や金融機関への暴力行使を躊躇しないアメリカであれば、早期の保釈も認められたかも知れない。ゴーン氏のケースは金融監視の緩い、人権尊重国・日本だからこそできたこと。それがゆえの長期勾留だったということだ。
ゴーン氏は今の状況を問われ「人生山あり谷ありだ」と答えていたが。

ブラックボックス

さて、現在の世界にあって資金移動に対する監視や規制が極めて厳しいことは理解できたと思う。ではなぜこの事件においては、海外から30億円のSBL／Cを個人負債の担保にするという異常なことができたのか——そのファクターの一つがジュファァリ氏だ。

サウジアラビアの中央銀行にあたる組織は通貨庁（SAMA）である。ただしSAMAは物価や金利を安定させるという中央銀行の役割だけではなく、財務省の役割の一部も担っている。サウジ国内で電気や通信インフラ整備事業などを行う複合企業の「E・A・ジュファァリ・アンド・ブラザーズ」副会長で「実業家」とされるジュファァリ氏だが、そのもう一つの肩書こそが「SAMA」の理事会メンバーだ。

ゴーン氏の事件においては、監視する組織に力を持つ人間が加担している構造ということになる。

中東でジュファァリ氏は「大物フィクサー」として知られる。石油ビジネスを通じて私が知り合った中東の知人は、全員その認識だ。ゴーン氏はジュファァリ氏への16億円提供につ

いて、

「現地の販売店のトラブル処理や、投資を呼び込むための王族へのロビー活動、王族や政府との面会の仲介を担ってもらっていた」

と主張していたが、この説明は過小評価だ。

ジュファリ氏こそが「ロビーそのもの」なのだから。

さて、SWIFTやSBL/Cなどの基礎知識が共有されたところで、ゴーン氏の事件を解明する「鍵」の存在に触れてみたい。

それは国際金融取引の中に埋もれていると私は考えている。

SBL/Cの受け手になったのが新生銀行だ。新生銀行は前述のように「コルレス銀行」ではなく「ドメ銀」だ。輸出入が盛んな大きな港や、兜町などの金融街にある特殊な支店を除いて、多くの日本の銀行が行う海外送金業務は、現金をストレートに送金することだ。現役時代の私が、地方都市のドメ銀から「POFコラテラル」を送ろうとした際、銀行窓口はパニックになった。長時間の説明も試みたが、「できない」という答えが返ってくるのみだった。

現在でも閉鎖性が強くガラパゴスな環境にある日本の金融状況にあって、ドメスティック銀行である新生銀行が、海外銀行から送られたSBL/Cを円滑に受け入れたことが、私には信じ難い。受け入れには、ゴーン氏側からの入念な事前説明と、口約束ではなく両者間で「契約」を結ばなければ常識的には不可能だからだ。

その鍵の一つが新生銀行側とゴーン氏側との間で、個人資産の負債の扱いについて取り交わされたはずの「契約書」である。現在までまったく報じられていないが、これほどの巨額の損失の扱いについては何らかの契約が結ばれるのが、常識と言えるだろう。何より、ジュファリ氏から差し入れられたSBL／Cは、新生銀行側にとって海の物とも山の物ともつかないものだ。「文書」できちんと保証をとらなければ、扱うことはできない。逆に文書なしにSBL／Cを受け入れていたら、新生銀行側のコンプライアンスは問われてしかるべきということになる。

また一連のやり取りが、記録として残されている可能性もある。

SWIFTでSBL／Cを入庫する際には、事前に相手先銀行のオフィサー（担当者）が、受け入れ先銀行のオフィサーと、SWIFT上でテキストを送受信して打ち合わせを行うのが実務上の常識だ。このテキストメッセージには、扱うSBL／Cがどこから振り出され、誰が保証して、焦げ付いた時にどのように処理されて、どう現金化していくのか、などの「生の情報」が詰まっていることが多い。このメールには公開義務がないことから、そうした生々しいやり取りがなされるのだ。

差し入れられた30億円のＳＢＬ／Ｃは現金化されたり、ベネフィシャリーである「日産」が肩代わりをしたりすることなく「無傷」だったことが報じられている。そしてＳＢＬ／Ｃの有効期限は３６６日（1年＋1日）で、延長（ロールオーバー）が可能だ。現在でも「担保」として生きているのであれば、メールが残っていることは期待できるだろう。

２０１８年12月20日に、特捜部が請求した勾留延長を東京地裁は一度は却下した。にもかかわらず２０１９年1月22日までに、ゴーン氏側の保釈請求を東京地裁は二度却下している。

ここまで解説したように、金融犯罪は、秘匿性を維持するために複雑なスキームが構築される。「今外に出してしまえば資金を動かされる。そうなれば、資金移転の解明は振り出しに戻ってしまう」――合理的に導き出される保釈請求に対する地検側の主張はこれだろう。また、契約書やＳＷＩＦＴのメールが押収されたことは明らかにされていないものの、フランスには最大の気遣いを見せる裁判所の説得のために、特捜部はそれなりの具体的な証拠を出して保釈請求を却下させたと考えるべきだろう。

だが、今年2月13日、事件は再展開する――。

第三章

獲物を狙うアメリカ

最強弁護団と日本の金融犯罪

ゴーン氏の事件の弁護を担当していたのは、元東京地検特捜部長の弁護士、大鶴基成氏を中心とした弁護団だった。前述した経緯を見ても明らかなように、特別背任で逮捕されて以来、保釈請求と却下が続いており、弁護側の手詰まり感は否めなかった。

だが、2019年2月13日、ゴーン氏を担当する大鶴氏ら2人の弁護士が、弁護人の辞任届を東京地裁に提出する。後任として就いたのが、弁護士の弘中惇一郎氏だ。弘中氏といえば、薬害エイズ事件における安部英《たけし》の一審無罪、障害者郵便制度悪用事件で村木厚子氏の無罪を勝ち取るなど、「無罪請負人」の異名を持つ。

その弘中氏は就任翌日の14日、裁判官と検察側を交えた三者協議に出席。ゴーン氏の公判に向け、事前に争点や証拠を絞り込む公判前整理手続の実施を求めた。そして20日には、東京地裁が公判前整理手続の実施を決定する。さらに28日に弘中氏は、3回目の保釈請求を行う。

そして3月6日、逮捕から108日目でゴーン氏が保釈された。特捜部の取り扱う事件で否認する被告に対しては、公判前整理手続で審理計画の目処が付いたところでの保釈が一般的だ。この保釈は異例と言えるだろう。

保釈保証金10億円。住居は都内の制限された場所で、出入り口に監視カメラを設置することが保釈の条件となった。また、事件関係者との接触、海外渡航なども禁止され、パソコンとインターネットの使用は弁護人の事務所限定で、ネットのログの保存と提出の義務。携帯電話の使用は弁護人から提供された1台で、通話履歴明細の保存と提出も義務づけられていた。

この保釈が「無罪請負人」の手腕によるものなのかの判断はつかないが、弘中氏が弁護人に就任してから、事件は次のステージへと動いたと言えるだろう。

一方で、産経新聞は2月7日に〈ゴーン被告が直轄する「CEOリザーブ（予備費）」から、子会社「中東日産」（アラブ首長国連邦＝UAE）を通じ、オマーン（約35億円）、UAE・ドバイ（約25億円）、レバノン（約17億円）、カタール（約3億円）の販売代理店に資金が支出されていた〉と報じ、特捜部が資金の流れを捜査していることを伝えている。

ゴーン氏の特別背任容疑においては、中東日産を通じてジュファリ氏側に支払われた約16億円の「販売促進費」が、「販売促進として使われていなかった」ということを証明すれば立件可能とされている。特捜部側にしてみれば、中東日産から提出される証言や資料で十分だという認識だろう。産経新聞が報じた一連の事件も、やはり中継地点になった中東日産からの資料や証言が、立件の可否を判断する鍵になるだろう。

こじ開けられたオマーン・ルート

19年4月4日、保釈中だったゴーン氏は「オマーン」を舞台にした新たな特別背任容疑で再逮捕される。これで4回目の逮捕となった。

まずは、現時点での報道を元に今回の容疑内容を時系列で整理しよう。

・09年1月、ゴーン氏はオマーンの日産車販売代理店「スハイル・バハワン自動車」（SBA）のオーナー、スハイル・バハワン氏から約30億円を私的に借り入れる

・この直後からゴーン氏は中東日産にSBAからの代金支払いの長期間猶予と、猶予中の金利を大幅にディスカウントすることなどを指示した。SBAの特別優遇により、日産の逸失利益は10年間で約81億円に上る

・12年から17年にかけて、ゴーン氏の指示により中東日産からSBAに毎年500万ドル（13年のみ700万ドル）、総計3200万ドル（約35億円）が、「報奨金」の名目で振り込まれた。使われたのはゴーン氏が決裁権を持つ「CEOリザーブ」だった

・15年、SBAの経理担当幹部がレバノンに「投資会社」を名目にした、ペーパーカンパニー「グッド・フェイス・インベストメンツ」（GFI）を設立。GFIはゴーン氏が実質

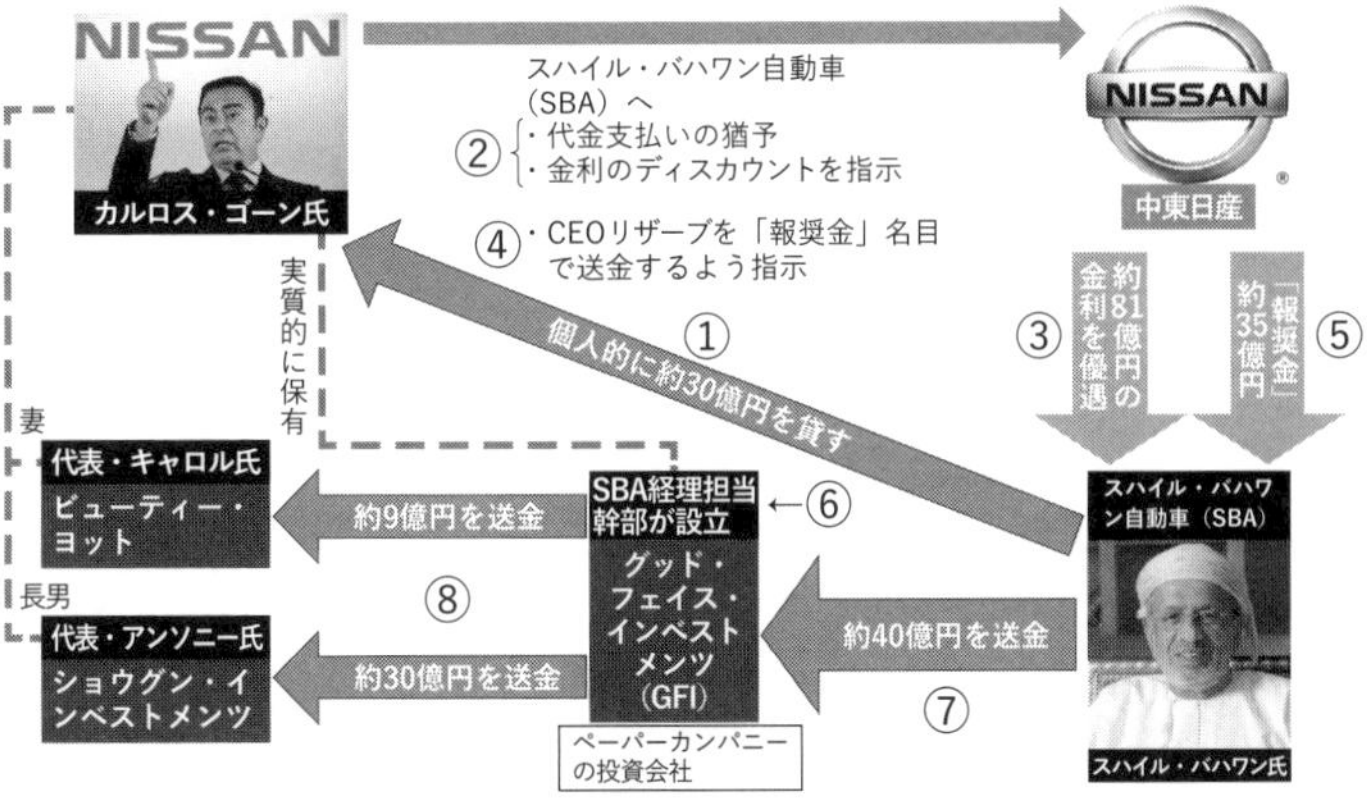

図3

的に保有し、資金移転の拠点とされている
・設立直後から、SBAからGFIに計約365
0万ドル（約40億円）が送金された
・15年、ゴーン氏の妻キャロル氏が代表を務める
「ビューティー・ヨット」を設立
・GFIからは、妻が代表のビューティー・ヨットに約9億円、息子アンソニー氏が代表を務める「ショウグン・インベストメンツ」に約30億円が送金された

今回の逮捕は、15年12月～18年7月に中東日産からSBAに送金された1500万ドル（約16億8900万円）のうち、SBAからGFIに送金された500万ドル（約5億6300万円）に対する特別背任容疑によるものだ。明らかになった金額より少ないことから、地検が5回目の逮捕のカー

ドを持ったことも自動的に導き出せる。
図3を見れば、絵に描いたような「資金還流の構図」と言えることがわかるだろう。

問われる経営者としての資質

特捜部が扱う事件についての報道が、地検サイドからのリークに依拠したものであることは、「暗黙の了解」だ。検察側の主張に世論を誘導するために、地検が虚実を交えて「関係者」として報道をさせるのはいつもの手口。それでも今回の事件は「疑う余地が少ない」というのが黒い経済界の評価だ。

特捜部はかなりの「物証」を押さえていると私は考えている。送金額、送金時期、送金先の会社名、使い込んだ内容などがあまりにも具体的で詳細であることが、その根拠だ。
だが改めて私が指摘したいのは、「辣腕《らつわん》」と評価されたゴーン氏の経営者としての資質だ。ゴーン氏が、一連の黒い資金移動に手を染めたきっかけは、08年のリーマン・ショックにより、投資していた「為替スワップ」が巨大な評価損を抱えたことと報じられている。

しかしリーマン・ショックは、その前年に起こったサブプライム問題の発端「BNPパリバ・ショック」から連鎖する形で発生した。パリバ・ショックによってサブプライム問題が近い将来、大きな金融危機となって爆発することは確実視されていた。資金が比較的安全な円に避難してくること、また金融危機対策として、規制緩和を行い市場にドルを大量に供給することも当然予測されていた。すなわち、パリバ・ショックの瞬間から、通貨の投資を行うなら「円高一択」でしかありえない。それなのに為替スワップで巨額損を抱えたというのは、莫大な金額の輸出入を行う日産のトップにしては、あまりにもお粗末な読みだと言えるだろう。

為替の動きを読む能力さえないゴーン氏の「投資の焦げ付き」はこれだけではないと、私は考えている。その根拠は、「ジュファリ氏からの約20億円の資金援助」と「ジュファリ氏からの30億円のSBL／Cの差し入れ」と、「バハワン氏からの約30億円の借金」がほぼ同じ時期に起こっていることだ。

多重債務者は、借金によって借金を支払うのが常だ。返すカネがなければ、どこかからまた借りてくるしかないということで、債務の時期は重なる傾向が強い。そうした場合、最初に返済すべきなのは、暴力団やヤミ金など「怖くてうるさい借入先」だ。

個人的に親しい知人とヤクザから同時期に返済を求められたとすれば、どちらから先に返済するのかは自明の理だろう。

ゴーン氏の損失に対して新生銀行は新たな担保を求め、損失に対して「ロスカット」

（強制決済）をしなかったのだから、「怖くてうるさい」借入先ではないことは明らかだ。ゴーン氏の巨額借り入れの時期が重なっていることと合わせれば、「投資の焦げ付き」はまだ他にあったと考えなければ説明がつかない。

「国選弁護人」こそ最適解だ

今年1月には、ゴーン氏がオランダにある「日産三菱BV」を通じて、18年に他の取締役が知らない700万ユーロ（約9億円）の支払いを受けたと、フランス経済紙『レゼコー』（電子版）が報じている。特捜部は「オマーン・ルート」の流れとは無関係な国、スイスに捜査共助を依頼したが、このことから「ダッチ・コネクション」を疑っている可能性は十分にある。そうなれば新たな「債務」が明らかになるだろう。

4月5日には、「オマーン・ルート」でも名前の挙がったゴーン氏の妻、キャロル氏が特捜部の聴取要求に応じずフランスに出国したものの、3日後には「戻る」ことを本人がラジオで明かしている。公判での心証を稼ぐのであれば、そもそも出国はしないはずだ。ゴーン家にとって、すでにヨーロッパも居心地のよい場所でなくなったのでは、と私は考えている。

また、経営者としての資質という意味では、特捜部の捜査に対するゴーン氏のリスクマネジメントにも問題があると、私は考えている。その第一のミスは「弁護士の選択」だ。私がゴーン氏の立場なら、逮捕された直後に間違いなく「国選弁護人」を指定していた。なぜか。

刑事事件の被疑者・被告人は、原則として逮捕後、「私選弁護人」か「国選弁護人」を選ぶことになる。前者は有料、後者は無料。国選弁護人に頼る場合は、弁護士に払うお金がない被告のケース、と一般的には思われている。だが法定刑が3年を超える懲役や公判前整理手続が必要な事件では、被告人が選択すれば国選は可能となる。ゴーン氏の場合はこれに該当する。

たしかに国選弁護人の場合、だれが担当するかは裁判所が選任するので、当たり外れがある。いくら無料とはいえ、頼りない弁護士にあたるのは不安だからということで、私選弁護人を選ぶのが普通だ。

だが、今回のような国際的に注目を集める事件の場合、裁判所は公平な公判維持のため、それこそ法曹界一丸となって国の威信をかけて人選するはずだ。巨大企業・日産を舞台にした国際金融犯罪ということであれば、名を売るために「私がゴーン氏の弁護人になります」と立候補してくる弁護士も多く集まるだろう。うまくいけば、海外の弁護士資格も持っていて、国際的な経済犯罪の弁護経験があり、英語が話せる弁護士が選べたかもしれない。現にゴーン氏は18年11月19日の金融商品取引法違反容疑での逮捕後、バンク・オブ・アメリカ、モルガン・スタンレー、シティグループなどアメリカ金融大手を顧客に持つニューヨークの有名弁護士事務所「ポール・ワイス・リフキンド・ワートン・アンド・ギャリソン」と弁護契約を結んでおり、自分の事件の弁護に何が必要なのかを理解しているのだ。

こう書くと現役の若き弁護士先生からは「国選弁護人の意味が理解できていない」「できるわけがない」というありがたいご助言をいただくことになる。だが、そうした人たちは私選弁護人を解任して、12人の国選弁護団を結成したオウム真理教の教祖、麻原彰晃こと松本智津夫元死刑囚の一件をどう説明するのだろう。

2002年に閣議決定した「司法制度改革推進計画」により、弁護士は急増した。おかげでファーストフードのアルバイトの時給より安い弁護士も存在するようになった。法曹界こそ量の増加が質の低下を招いている市場だ。国家の威信をかけ、「国選」として数少ない有能な弁護人を厳選することこそゴーン氏が裁判を戦う鍵になる。

しかしいくら厳選された弁護団とはいえ、国選を使えば「裁判費用もコストカットか！」という厳しい批判も起こるだろう。その時こそが蓄えた金の使いどころだ。松本元死刑囚の時には一審だけで、4億円以上もの弁護費用が税金から捻出された。少しでも世論を味方につけるために国選弁護人を私選に切り替え、ふんだんな着手金や報酬、調査費用などを支払えば、それこそがゴーン氏にとっての最強弁護団の結成、ということになるだろう。

儲かる者は誰か――

ここで一度、ゴーン氏の事件を国際政治の観点から分析したい。政治は金融の流れに大きな影響を与えるファクターだ。金は政治に夢を見ないし、論調に左右されることもない。誰が儲かるのか――その分析欲求こそ、マネーの世界に生きる者の痼疾《こしつ》である。

私はこの事件にはアメリカの意向が強く反映されていると考えている。その根拠を示そう。

18年11月6日に行われた米中間選挙では、上院は共和党、下院は民主党が多数派となり、「ねじれ」が生まれた。勝敗についての評価は二分しているものの、保守系メディアは「勝利」、リベラル系メディアは「敗北」という論調で報じた。

07年参院選後の自民党・福田（康夫）政権や、10年参院選後の民主党・野田（佳彦）政権など、日本人にとって「ねじれ」とは国会空転を意味する。しかしアメリカ大統領のドナルド・トランプ氏は、選挙翌日「上院勝利は歴史的快挙」と自画自賛した。

1938年以降に行われた中間選挙で政権与党が勝利したのはわずか2回なので、下院の敗北は織り込み済みと考えるべきだろう。反対に上院で所属政党の議席を3伸ばしたのはケネディ以来で、共和党内には反トランプ派もいたなか、「ミニ・トランプ」と呼ばれる議員が当選したことで、党内を一本化することに成功した。

また、アメリカの二院制は、いわば分業制で、大きく分ければ上院が外交や安全保障を、下院が内政をという役割である。予算は下院の仕事だが、大統領は拒否権を持っているので、空転しても下院のみということになる。その下院では民主党が多数派となったため、議長には民主党のナンシー・ペロシ氏が就任した。オバマ政権下でも下院議長だったペロシ氏の素顔は、対中強硬派の「鉄の女」。特に中国共産党による人権抑圧に対しては反対の立場をとっており、2008年には大統領だったブッシュ氏に、北京五輪開会式出席のボイコットを迫ったほどだ。

トランプ政権は、「オバマケア」（医療保険制度改革法）の廃止を公約にしていたが、内政を担当する下院の多数派が民主党となったことで、一部の公約の実現は難しくなるだろう。しかし、民主党内でもトランプ政権を「国内労働者の保護」の点では支持する声が強い。その労働者の不利益を生む最大要因の一つが、貿易赤字の拡大だ。オバマ政権が進めたTPP（環太平洋パートナーシップ）だが、民主党代表候補だったヒラリー・クリントン氏が16年大統領選で「反対」したのも、貿易不均衡拡大が理由である。

こうして考えれば、その最大の障害となる中国を相手にした貿易戦争は、継続どころか激化すると見て間違いない。ペロシ氏の政治的スタンスもあって、そのための予算も通過しやすくなるだろう。

内政についての公約を守ることが難しいトランプ氏は外交でポイントを稼ぎ、民主党も国内労働者保護を理由に協力する——アメリカは中国だけではなく、自国の不利益になる「あらゆる国」への圧力をますます強め、アメリカに利益をもたらすように要求する姿勢を固めた、ということだ。

アメリカのための世界へ

グローバリズムの中ではマルチ・ラテラル（多国間交渉）が標準的な外交術だった。しかし、バイ・ラテラル（二国間交渉）がトランプ流の外交術だ。最初にメキシコ、次にカナダと二国間交渉を行い、「北米自由貿易協定」（NAFTA）に代わる「米国・メキシコ・カナダ協定」（USMCA）の締結にこぎ着けた。また、日本とも「二国間自由貿易協定」（FTA）交渉を行っている。

アメリカ合衆国の第5代大統領ジェイムズ・モンローは、アメリカ大陸とヨーロッパ大陸との相互不干渉を宣言した。アメリカ大陸にヨーロッパは口を出すな、我々もヨーロッパには口を出さないとしたのが「モンロー主義」だ。「『イエス』か『はい』」の返事しか許さないバイ・ラテラルによってアメリカが目指すのは、自国を中心とした「新・モンロー主義」の構築だ。アメリカの中間選挙が生んだのは「ねじれ」という「分断」ではない。「世界のためのアメリカではなく、アメリカのための世界」に向けて与野党が一枚岩になったということだと私は考えている。

イギリスのＥＵ（欧州連合）離脱、「ブレグジット」については現在も混乱が続いているが、この原因もアメリカだ。首相（当時）のテリーザ・メイ氏は元々ソフト・ブレグジット推進派だった。しかし、18年7月トランプ氏は、「英国がＥＵとの結び付きを維持するなら、我々は英国ではなくＥＵと取引する。（穏健な離脱方針は）両国の取引を殺すだろう」と、英紙のインタビューに答えたその足で訪英。閣僚が辞任してもソフト路線を譲らなかったメイ氏が、あっさりハード路線へと転向した。この時のトランプ＝メイ会談は、ＥＵ離脱後、米英がＦＴＡ交渉を推進することで合意する。

そこで考えなければならないのが、アメリカとフランスの関係だ。

この直前の4月にはフランス大統領、エマニュエル・マクロン氏が訪米したのだが、その際もトランプ氏はＥＵ離脱と、米仏ＦＴＡを提案した。マクロン氏はこれに興味も示さなかった。両者の関係は中間選挙後、急速に緊迫する。

日産事件はアメリカにとって奇貨

これまでEUの金融政策は、欧州中央銀行（ECB）が行い、財政の主権は加盟各国に残したままだった。そこに、マクロン氏は「ユーロ圏の財政統合」という新たな制度を創出しようとしている。具体的には「ユーロ圏の共通予算」の創設で、圏内富裕国が圏内貧困国にインフラ投資するところから開始し、最終的には財政主権もEUに一括するという夢のような構想である。

その金融版がEMF（欧州通貨基金）だ。18年現在、IMF（国際通貨基金）の議決権比率は1位がアメリカ（16・52％）、2位が日本（6・15％）となっており、ほぼアメリカの意向が反映される制度になっている。「ユーロ圏の共通予算」とEMFが、財政、金融面でのアメリカからのEU独立を意味することは言うまでもない。

米軍という世界最強の暴力が経済力を支えるのがアメリカの強さだが、18年11月5日にはマクロン氏が「欧州軍」の創設を訴える。実現すれば、アメリカはユーラシア大陸西側における広大な軍事プレゼンスを失うことになる。フランスは戦闘機を独自開発するなど知られざる武器輸出大国だ。欧州軍創設は、アメリカの兵器産業がヨーロッパ市場から追い出されることも意味している。

もはや挑発というよりアメリカに挑戦状をたたきつけているようなものだ。実現すれば、ＥＵはかつてのソ連のように一つの大国と化すだろう。「モンロー宣言」はアメリカからヨーロッパへの別離宣言だったわけだが、それから２００年の時を経て、マクロン氏はヨーロッパからアメリカへの別離を告げようとしているのだ。その先にあるのは、アメリカでも中国でもない、第二次世界大戦前のヨーロッパへの覇権回帰であることは言うまでもない。

こうみると、マクロン氏が、今のアメリカの国際戦略にとってどれほど邪魔な存在なのかは理解できたことだろう。この過程で、ゴーン氏は逮捕されている。

お世辞にも優秀な品質とは言えなかったルノーだが、日産の技術とノウハウを吸収しながら確実に世界戦略を進める。「海外生産の１００％現地化」を掲げ、２０１４年にはロシアで小型車を生産・販売するなど、フランス産自動車業界を牽引する企業へと成長した。

だが18年には中国での新工場設立を発表している日産は、アメリカでの新工場建設は行わない。一方で、トヨタとマツダは18年にアラバマに合併新工場を着工し、21年からの稼働を発表している。

アメリカへの温度差は歴然と言えるだろう。

この事件をきっかけに、日産がルノーとの資本関係を見直す可能性が指摘されている。日産・三菱とルノーとの関係が対等なものになることで喜ぶのが、アメリカであることは間違いない。同盟国の日本に「要請」すれば、ルノーの影響力が小さくなった日産・三菱はすぐにアメリカに新工場を作ってくれるだろう。

アメリカは間違いなく日産事件を国家戦略の一つとして利用すると私は考えている。ましてやトランプ氏はTwitterによる口先介入で株価さえ操るのだ。戦争や暗殺などより、はるかにコストパフォーマンスの高い方法で、トランプ氏は「ヨーロッパ大国」成立を目指す将軍・マクロン氏を追い落とすことができるのだから、この日産事件は奇貨と呼ぶべきものに違いない。「イエローベスト」の抗議行動などもあり、マクロン氏の国内支持率は就任時の60％から、18年12月の23％を最低に今年に入っても30％と低空飛行を続けている。

火種は多い方がいい。

一連の分析を、妄想の産物と片付ける人も多くいるだろう。だが、国益のためなら躊躇なく暴力を行使するアメリカの素顔は、本書を通じて明らかになるはずだ。

完黙こそが唯一の法廷戦略

さて最初の逮捕から、容疑を全面的に否認しているゴーン氏だが、私はこれこそが決定的な落ち度であると考えている。

取り調べとは有罪を成立させたい捜査側と、無罪を勝ち取りたい容疑者側が証言を取り合うゲームだ。容疑者が沈黙した時、捜査側は裁判で沈黙に勝てるだけの決定的な物証を探すことになる。「否認」とは、その物証を前に、自らの言葉で突きつけられた事実を否定的に説明する行為だ。容疑者が否認すれば、検察側はそれを打ち消す新たな目標を持つことになる。その良し悪しは別として、否認をすればするほど、検察側の力の込め具合が増すことになるのが現実だ。裁判というのはそういう「ゲーム」なのである。そのようなゲームのなかで、取り調べにおける最強の武器は完黙（完全黙秘）だ。

ゴーン氏の場合、完黙が正しい選択であることは、前述したように特捜部が「物証」を保有していると思われる点から明らかだ。追い詰められた状況で「否認」をするのであれば、検察ではなく、まずは弁護士にだけするべきだ。どうしてもというのであれば公判で、「完黙」から一転無罪を主張することで検察側の足並みを崩すこともできるだろう。

にもかかわらずゴーン氏は保釈中の２０１９年4月3日にTwitterアカウントを開設、

「真実をお話しする準備をしています。4月11日木曜日に記者会見をします」とツイートした。モーツァルトのオペラ『魔笛』の滑稽なパパゲーノ同様、口に鍵しておけばよいものを、自らの言葉で説明しようとした。これは、ゲームの中で最もやってはいけない悪手だ。話せば話すほど、検察側はその論拠を突き崩すための証拠を探すことになるのだから、保釈中に自分のことを話すというのは、愚の骨頂だった、と言えるだろう。4月9日、担当弁護士の弘中惇一郎氏らが会見を開きゴーン氏の動画を公開。弘中氏が記者に対して「黙秘するようにアドバイスいたしました」と答えたが、遅きに失した印象だ。途中から参加したことで、現在の弁護団が検察に対してペースを作り切れていないとも読める。

一連のゴーン氏の対応は、本来「1」で済むべきものを、「4」「5」あるいは「6」に増やしていく悪手の連発だった、と私は考えている。4月4日の逮捕において、普段トヨタ車で護送することの多い特捜部があえて日産車を使うという「粋なはからい」をしたが、それこそが検察を悪い方向で刺激した証左だ。

どうせやるなら、保釈時と同じように作業着で変装をさせてあげればいいのに……と私は苦笑したが。

刺激された検察はさらなるカードを持とうと、アメリカに「捜査共助」を依頼していることを明らかにした。国家を超える金の流れをつかむにはアメリカの協力が不可欠なのは言うまでもないが、アメリカを動かしてしまったことこそが、ゴーン氏およびその周りが悪手を連発したことが招いた「最悪の結末」だと私は考えている。

獲物を狙う猛禽類

前述したように国際送金はＳＷＩＦＴシステム上で行われる。人権蹂躙などお構いなしにテロ対策の名目で、ＳＷＩＦＴ上にある金融の移転情報を開示させることができるのは、アメリカという国をおいて他にない。

実際に、読売新聞19年4月5日朝刊の「流用容疑　米と捜査共助」は、

〈米当局の協力でゴーン被告の息子がＣＥＯを務める別の投資関連会社側の資料を調べたところ、ＧＦＩから流れた資金がゴーン被告の個人的な投資に充てられた疑いが浮上した〉

と報じている。また、妻キャロル氏の会社に流れた金が大型クルーザー「シャチョウ号」の購入資金に充てられたことなど、検察側の新証拠はゴーン氏のパソコンから押収されたものだと伝えている。

しかし、こうした記録が真実かどうかの裏取りをするためには、実際の金の動きの解明

が必要であることは言うまでもない。それができるのが、猛禽類のごとく攻撃的で貪欲なアメリカということだ。

　ましてやゴーン氏は、一連の資金移転をアメリカの通貨「ドル」で行っている。ゴーン事件の捜査にアメリカが「参戦」したということは、これから先、ゴーン氏の金の流れがすべて丸裸にされる、ということに他ならない。金の流れの解明が最も重要となる経済事件において、アメリカの参戦が決まった時点で、ゴーン氏は詰んだも同然、なのだ。

　そしてアメリカが捜査に参戦した以上、すでにゴーン氏の資金はすべて監視対象になっていると見るべきだ。ゴーン氏の依頼を受けた第三者の手で資金をどこかに移動して隠しても、新たな罪が生まれることになるだろう。何より犯罪資金の無慈悲な収奪がアメリカのお家芸であることは、石油で稼いだ６００億円を銀行ごと没収された私が一番良く知っている。

　日産はニューヨーク市場でＡＤＲ（米国預託証券：米国で国外企業の株取引ができるように発行された証券）として取引されており、ゴーン氏の逮捕を受けて９％も株価が下落した。その原因であるゴーン氏の資産を没収する、「自国の健全な投資市場を混乱させた」という大義名分はすでに生まれている。

　ゴーン氏は弁護士の選定から保釈後の振る舞いまで、すべてにおいて悪手を連発してしまった。勝てるゲームではなかったかもしれないが、最初の特別背任罪は中東日産の証言だけで、地検側は有罪を勝ち取れた。最初から完黙して勾留を受け入れ、立件されて裁判に向かうという形で、あえて一つの負けを選ぶゲームの進め方をすれば、「アメリカの正式参戦」という最悪の結末だけは免れた可能性は大きい。

有能な経営者であれば、二手三手先を読むことなど当たり前にできたはずだ。ゴーン氏が今回の一件において悪手を連発してしまったことが、経営者としては「有能な人物」ではなかったことを改めて浮き彫りにすることになったと言えるだろう。

第4章

私の黒い経済史

宿病

ゴーン氏の事件についての私の解説を読んで、多くの読者は、「なぜこの人がこんなことを知っているのか？」という疑問を抱くだろう。現役、元を問わず暴力世界に住む「経済ヤクザ」の中で、私がゴーン氏の事件とその手口を理解できる理由は、もちろん自身の過去にある。インテリジェンス（分析）への信憑性を高める目的で、私とファイナンスとの後ろ暗い関係史を明かそう。

現在の私の職業は何か？　と問われれば、無職だという答えが一番正しい。ただし無職であるということは無収入であることを意味しない。

私の専門はファイナンス。つまりマネーのプロである。

金融や資金調達と訳される「ファイナンス」は実務である。株や不動産への投資活動、節税（あるいは脱税）、資金移転も含めて、マネーを操作することはすべて「ファイナンス」に内包される。銀行はファイナンスのプロの集団ではあるが、各銀行員は部署内の何人かが組んで、与えられた業務を行う。組織である以上、各セクションは不動産、株と特定のジャンルのファイナンスをやっているのに過ぎない。

暴力団は個人事業主の集合体。所属する組織内外で、裏切りや略奪のリスクは常に存在している。そうした世界にあっては、自己防衛のために親しい人間にも自分の「ビジネス」を明かさない。シビアな暴力経済の中に生きながら、株式、不動産、国際金融も含めたほぼ全部のファイナンスを、横断的に行えるスキルを私は身に付けた。

現役時代の手段が合法、非合法の両面であることは言うまでもない。引退した今でも、資金量さえ同じであれば、どんな銀行員よりも優位にファイナンスを実行することができる自信もある。

そのような背景に加えて、「ファイナンス」の世界は個人の感情が入り込む余地を持たない。投資とは資本からゲイン（儲け）を得なければならないのだから、「投資とはゲインを得る可能性の合理的追求」と言い換えることもできる。「儲かるかも知れない」というレベルで資本を投下するのは投資ではなく投機、いやギャンブルである。「ほぼ儲かる」というレベル以上でなければ、投資とは言えない。

客観的な事実を基にした、合理的な分析と判断は、「ファイナンス」の世界に生きる私の宿病だ。そしてそれは、私を悩ませるものではない。想像力が創造力に繋がる生活は、考えているよりはるかに豊かな時間に満ちている。

ファイナンスとの出会い

金融マーケットについて興味を持ったのは中学生のころだった。

1945年に敗戦を迎えた日本は、その5年後の50年、朝鮮戦争勃発の特需をきっかけにして、54年から高度経済成長期に突入する。高度経済成長期は73年の第四次中東戦争による第一次オイルショックで終焉し、その後、日本は安定成長期へと入る。1964年に生まれた私が、マネーに興味を持ったのは78年。だが、同年末に、OPEC（石油輸出国機構）が「翌年より原油価格を4段階に分けて計14・5％値上げする」と発表する。原油価格は再び高騰し、翌79年から第二次オイルショックとなった。世の中の物価が石油に連動して次々と上昇していく中で、私の視界に不思議なものが飛び込んできた。

それこそが「株」だ。夢中になったのは地元の証券会社の店頭に設置された「株価ボード」で、「オイルショック」と「株」の不思議な連動に惹かれ、自転車で連日行ってそれを追うようになる。

中学生の私でも原油の値上げが収益拡大に直結する、石油の輸入を行う総合商社の株が値上がりすることや、油田プラントを開発する会社などの「関連株」——当時その言葉は持ち合わせていなかったが——が値上がりすることは理解できた。だが、人間の思惑通りに株価は進まない。時に値上がりを予測していた企業の株価が下がり、予想外の企業の株価が上がった。私は日経新聞を読み漁り、短波ラジオを購入し、情報と株価が連動する「答え合わせ」に思いを巡らせるようになる。

その推理ゲームは、まだ幼い私を夢中にさせた。株価はイマジネーションが作り出す、価格形成。「このゲームに参加したい」、そう思った私は、原資を稼ぐために、新聞配達のアルバイトを行い、高校に入ってすぐに喫茶店でアルバイトを始める。アルバイトの時給400円が相場の時代で稼ぐ月収14万円は、1日15時間労働の賜物だ。マネーゲームに参加することを夢見て、株価ボードを見ては、寝る間も惜しんでアルバイトの日々を送り続けた。

そして17歳、いよいよ私がデビューする日が来た。

本人確認が徹底されておらず、犬の名前で口座を作ることさえもできた時代。今でこそスマホでさえ株取引ができるが、当時は電話か店頭が個人投資家の取引の場所だ。私が利用したのは「勧角《かんかく》証券」(日本勧業角丸証券＝現・みずほ証券)で、同時にクレジットカードも入手したのだった。

ファーストロスト

最初に買った銘柄と金額は今でも忘れない。田辺製薬（現・田辺三菱製薬）1単元1000株、1株500円台で約55万円。とはいえ、当時の購入理由は、「新薬開発成功の極秘情報を会社の中に潜入させた情報源から入手して購入した」というようなものではなく、テレビCMを観て「印象がいいな」と思った程度だ。製薬会社に対する知識もまったくなく、まさに感覚頼りの購入が私のデビューとなった。81年はバブル景気の到来を5年後に控えた、最も良い時期で、株式市場も良好。初心者でも低リスクでなんなく利益を生むことができた。

私は生まれて初めて買ったその株を60万円になったタイミングで売った。同じ銘柄を抱えておくことで損失リスクも大きくなるのだから、どこかで利益を決断しなければならない。当時の経済成長を考えれば、持っておけば安定して株価は値上がりすることは間違いなくても、資金が少ないので配当金での儲けは期待できないし、複数銘柄も買うことはできない。収益を上げるためには回転させるしかないので、ゆっくりはしていられなかったのだ。

まだ最高値を意味する「天井」も、最安値を意味する「底」も知らなかったが、「とりあえずこんなもんだろう」という判断だった。ゲインは５万円で自己資本は60万円となった。再び資金を得た私だが、60万円では株価の高い値嵩《ねがさ》株を買うことはできず、株価の低い低位株だけを買うことになる。低位株には、経営状態が悪いなどの理由があって、短期間で株価が大きく上下するので損失リスクが高い。だから、火傷もした。

三流の商事会社の低位株に手を出し、損失を出す結果となったのだ。

この最初の失敗の時につくづく思い知らされたのは「自己資本量」の問題だった。資金のボリュームさえあれば、もっと多くの種類の株を買うことができる。多くの種類の株が大量にあれば、リスクも減らせるしリターンももっと取りにいける。「株価が下がる」事態でさえ、資金量さえあればもっと安く大量に買えるチャンスになるのだ。こうして私は、ファイナンスにとって資金調達がいかに重要なのかを知ることになった。

もはや時給４００円で働く気持ちはまったく起こらなかった。アルバイトに時間を割くくらいならば、一刻も早く次の投資に向かうべきだと判断したからだ。

他人資本

そこで選んだ資金調達先は、祖母だった。祖母に借金をして、「他人資本」で株式投資を行うことにしたのだ。

返済日に利息だけ払って同じ額の借り入れを行って、借入期間の延長を行うことを「ジャンプ」や「ロールオーバー」と呼ぶ。日本的な倫理観に従えば、借りた金は期日までに返すのが常識だが、私は他人資本は絶えずジャンプが正解だと考えている。貸し主には儲かった分から「利息」以上の配当を渡して返済日を延ばせるだけ延ばして、どれだけ長く自分の手元に他人資本を残せるかが、投資にとっては重要な鍵になる。

この考え方を「ズルい」「汚い」と思う人もいるが、これは金融の本質的な考え方だ。銀行は「預金」という他人資本を元手にして、投資を行い、利息を支払う。「預金」を解約させせないために、あの手この手を使うことは、個人事業主であればご存じだろう。株式会社は、株式を発行することで資金を調達して、それは返さずに配当を与えている。

自己資本ではなく「他人資本」の獲得こそが、「マネタイズ」である。そして、「他人資本」の継続的な保持と、運用こそ実はファイナンスの核だ。「資金調達」とは単に金を集めることではなく、いかに返さなくても大丈夫な金を集めるのかということである。

祖母はお金の使い道がそれほどなく、少なくとも私よりは早く亡くなる。あの世に金は持っていけないし、孫は可愛くて仕方がない。配当金よりも小さな贈り物を持って遊びに行けば、それで満足なのだ。株主配当どころか、法定利息よりはるかに少額でジャンプすることができる。こうして私は資金調達と投資を同時に行うようになった。

通っていた高校はそこそこの進学校で「がんばれば東大も狙える」と言われる偏差値だったこともあって、私は現役で東京のある大学に合格して、東京で暮らすことになる。三都と言えば京・江戸・大坂だが、東京の経済規模は群を抜いている。港区の駐車場1台の月極使用料は、地方の大都市の2LDKの家賃とほぼ同じ。人間が1ヵ月住む値段と、車を1ヵ月駐《と》める値段が同じということは、港区にはその経済規模を持った人が活動しているということになる。

東京という都市の資本規模を実感したことによって、大学という教育機関のナンセンスさに気が付くことになった。80年代前半は、中卒・高卒でトラック運転手として働いても都内で一軒家を買うことができたばかりか、高級自動車に乗れるような経済環境だった。すでに高校時代からの投資などにより、現金で1000万円ほど持っていた私には、大学の入学式に出た瞬間から、「大学はバカが通う場所で、頭が良ければ通う必要はない。4年間をバカと一緒に過ごすのは耐えがたい」としか思えなかった。

早々に大学から足を遠ざけ、ファイナンスへの時間はますます増えていくことになった。

不動産神話とバブル突入

かなりの財を得た私は、2年生だった19歳で大学を辞めた。先輩が不動産業者だった縁で、不動産の世界に進むことになった。

バブル突入前夜にあって、不動産の流動性は大きく加速していた。新築マンションの購入権は抽選になるほどで、完成するまでにすでに値段が1・5〜2倍になる時代。建築計画を見つけるや、知人の名前を使って片っ端から申し込むだけだ。「不動産」はノーリスクで儲かる笑いが止まらないビジネスとなっていた。

先輩の会社で仕事を始めて歩合で給料を貰うよりも、自分でやった方がはるかに効率が良いことに気付く。会社を通さず3000万円で買ったものを、5000万円で売れば自分の手元に2000万円がまるまる入ってくるのだ。銀行の担当者はすでに顔見知りだった。物件を見つけて「3000万円の土地を買うので、貸してくださいよ」と言えば、相手が二十歳《はたち》そこそこの子供であっても「どうぞ使ってください」と頭を下げ、わずか1日で決裁が下りるのが、この当時の状況だ。

会社に在籍することで情報を得て、個人で扱っても焦げない物件は自分で、リスクの高いものは会社でと、二足の草鞋《わらじ》を履いて効率良く儲けていた。約1年弱、二十歳を超えたばかりの私は、大卒サラリーマンの生涯賃金3億円を持つこととなった。

そしていよいよ株式投資の世界へと進んでいくのだった。

時代は、バブルへと突入していった——。

不動産を扱って痛感したのは「人間の欲」をコントロールすることの難しさだ。買う側は安くしようとして売る側は高く売ろうとする。また売り手は「所有者だから有利だ」と思い込み、買い手は「資金を持っているから有利だ」と思い込むことで、両者の心理的な優位性も交錯する。1回の取引金額が大きいため、そうした思惑はもはや情念だ。不動産ビジネスはその真ん中に立ってやり取りするわけだが、両者の調整に物心両面を費やすことに、私は磨り減った。

金融投資にももちろん人の思惑が反映されるが、不動産のそれより直接的ではない。金融とは資金を持っている者がアドバンテージを得て優位に物事を進められる世界で、その資金が移転していき次々とアドバンテージの所有者が替わっていく。不動産取引を通じて、デジタルな金融のゲーム性が私には合っていることを再確認したのだった。

1985年9月にニューヨークのプラザホテルで、アメリカ、イギリス、フランス、西ドイツ、日本の先進5ヵ国の財務大臣、中央銀行総裁が集まり、「プラザ合意」が結ばれた。ドル高円安が進んでいたのだが、アメリカの対日貿易赤字の拡大と国際競争力の喪失への対策として結んだ合意である。1ドル＝240円前後で推移していた為替が、合意以降一気に、1ドル＝200円（85年末）まで修正されることとなった。この流れで国内産業は打撃を受け、円高不況となる。政府は対米貿易黒字の解消と不況からの脱出を図って、公共事業への大型投資など内需主導へ急速に舵を切った。プラザ合意の翌年である86年12月には、不動産と株の価格が一気に高騰する。

ここがバブルの入り口だった。もっとも、国際政治とファイナンスの連動を考えるようになったのは、自らバブルを回顧した時だったが……。

一般の人が「好景気」を感じ始めたのは88年くらいからだとされているが、私が見ていた投資の世界では、一般人よりもはるかに早い時期にバブルが訪れていた。3億円もの自己資金を持って、上昇トレンドに乗っていく株の流れを見ていた私自身も、急速に膨れ上がる経済のエネルギーを実感していた。

そんな私を次の道へと導いたのは、証券会社の勤務を経て、退職後に独立した先輩だった。その先輩から「来ないか？」と誘われたのだ。

そこは投資顧問の会社だった。証券会社時代のツテもあってすでに多くの顧客を持っていたばかりか口コミで増え続けていて、いくらでも金を集めることができた。証券取引で顧客の同意なく売買できる契約を一任勘定取引と呼ぶのだが、会社に集まる金は一任勘定。顧客は「おまかせ」ということで、何十億円もの他人資本を使って取引ができる場所にたどり着くこととなった。

最年長が25歳の４人からなる小さな組織だが、最大１２０億〜１３０億円を運用するほどだった。上昇していく相場では売りから入ることはほとんどなく、買いオンリー。とにかく足らないのは資金という状況だった。山手線内の土地でアメリカ全土が買えるほど地価は暴騰。89年12月29日の大納会で日経平均は史上最高値３万８９５７円44銭を付ける。市場がどこまでも資金を吸収する中、ボリュームアドバンテージで資金量が多ければ多いほど有利な状況だったのだ。

伝説の相場師

バブル期には許永中氏らによる戦後最大の不正経理事件「イトマン事件」や、稲川会二代目・石井隆匡《たかまさ》会長らによる「東急電鉄株買い占め事件」なども起こった。私の勤める投資顧問会社が１００億円以上の投資をしていたと聞けば、「悪い人との繋がりもあったのですか？」と尋ねたくなると思うが、実際はまったくない。許永中氏についても、石井会長にしても事件後の報道で知るのみで、私の住む場所と、黒い経済界はまったく別世界だった。

しかし相場師としては「神」と思う人物がいた。加藤暠《あきら》氏である。広島原爆による被爆の影響や、病気などで進学が4年遅れた加藤氏は、早稲田大学商学部をトップの成績で卒業後、岡三証券に入社し相場デビューする。その後、流転しながらも相場師としての実力と名声を確固たるものとして、78年に「誠備《せいび》」を発足、翌79年に「誠備グループ」に名称変更。加藤氏の事務所の名前が「誠備投資顧問室」であったことから、「投資顧問会社」の看板を掲げることが流行ったほど影響は強かった。もちろん、私たちの会社も影響を受けた一つである。

バブル期に、株式市場は野村・日興・山一・大和の四大証券が市場を支配していると言っても過言ではない状態だったが、加藤氏はこれらに敵意をむき出しにして、

「個人投資家主体の市場へ変えよう」

と説いていた。率いた誠備グループは医師や大企業の社長、政治家など800人以上の顧客を持ち、実に500億円もの運用資金を持っていると言われていた。王道とも言うべき「仕手《して》」のテクニックは、外部にいた私の眼に美しくさえ映ったものだった。

株取引における「仕手」の王道は需要と供給の戦い、すなわち「需給戦」だと私は考えている。株は買いが多ければ値段が上がり、上がる株は誰もが欲しがる。加藤氏が行った基本はこれ。豊富な資金力を背景に特定の銘柄を買い上げることによって株価を上げ、需

要を創造して一般投資家の資金を集中させる。そして高くなったところで自分は売って儲けを確定する。仕手の王道を歩むことこそ加藤氏の真骨頂だ。

私の印象に残っている加藤氏の凄味は、買いと並行して、損失を出しても売りを仕掛けるところ。いわゆる「踏み上げ相場」というものだ。「踏む」とは空売りをしている投資家が買い戻すこと。加藤氏は意図的に大量に売りを溜めて、買い方が弱まっているように見せる。それを見ていた多くの投資家たちが「この銘柄を売って崩そう」と売りをかけると、加藤氏側は一気に買いに回るのだ。すると他の投資家も、空売りしていた株を損切りして買いに走る。結果、株価が一気に上昇する。図4は「踏み上げ」相場の典型的な形だが、まさに「踏んで」一度下がった相場が、急激に「上げ」になっていることがわかるだろう。

踏み上げ相場

図4

言葉で書けば簡単だが、相手は人間で、ネット取引もない当時は、そのほとんどが相場の世界に生きるプロ中のプロ。「買い方が弱まっている」ように見せる「見せ方」が重要になる。加藤氏の相場の作り方はあまりにも見事で、とても人為的に作り上げたものとは思えないほどだった。何より「売買」をするつもりもないのに注文を出す「見せ板」もしなかった。

「シテ」とは元々、能の主役を指す言葉だが、加藤氏のそれは演技ではない。本当に買うし、本当に売る。相場形成の迫力が違う。

加藤氏と直接話をしたことはないものの、その仕手を相場の動きで学び、ある時は対抗してみることもあった。若さがさせた愚行だが、弱ったように見せかけられて掌《てのひら》の上で暴れているに過ぎない結果となった。その時、私は株の現物を買って、その株を担保に同じ株を信用で買うという「二階建て」と呼ばれる、一種のレバレッジで挑んだ。300億円単位の大勝負で、私を軽くあしらったのが加藤氏である。その時は、恨みや悔しさより、信用の怖さを教えてくれたという感謝の気持ちの方が強かったが。

武術の達人が立っている姿を見ただけで相手の強さを感じるように、私たちは株の動きで相手を知るので、加藤氏が相場を作っている時はすぐにわかった。加藤氏が扱う銘柄は「K銘柄」と呼ばれていたが、その動きに乗っかって儲けようとする人、崩れたところを狙う人など「Ｋ銘柄」を中心に思惑は交錯していた。こうして、加藤氏には「兜町の風雲児」のあだ名がつけられることになった。

後に私も関係することになる「最後の大物仕手筋」と称された西田晴夫《はれお》氏の扱う銘柄は「Ｎ銘柄」と呼ばれていたが、西田氏の方は企業と組んでの仕手。私の好みは断然加藤氏だった。

崩壊

１９８９年の大納会で日経平均は史上最高値３万８９５７円44銭を付けたが、これがバブル最後の高値となった。明けた90年１月４日の大発会で株価は暴落。翌営業日で日経平均は６００円も値を下げた。

実はこの大発会からの値動きを見ても私は「一時的な調整だ」と、かなり楽観的に構えていた。その時点ではすでに「売り」もだいぶやり始めていて、株価下落によって相殺されていたことで、判断を誤ったのだ。何より、日本人の誰もが、この景気が突如崩壊することなど夢にも思っていなかった。しかし株価が戻ることはなく、バブルが崩壊したということがようやく認識できるようになっていった。わずかでも稼いだ金を再び投資して、なんとか延命を図っていたのだが、ついに終わりの日が来た。

私たちも含めて全員が「買い」のポジションを次々と手じまいしていくのだが、そこで息の根を止めたのが、加藤氏だった。バブルが崩壊して下がり目の中で、華やかに上がる株は目立つ。「これは売り崩せるだろう」と思って仕掛けたが、加藤氏はこの局面でも平然と踏み上げてきたのだ。

普段は努めて冷静な私だが、この瞬間のことを思い出すと喉の奥に苦いものが広がる感覚に陥る。せめてもの救いは「あの加藤暠に殺された」ということだった。追い詰められたとはいえ加藤氏に逆らってはダメだったのだ。いや、たとえその勝負に勝っていたとしても、破綻を免れることはできなかっただろう。

バブルを謳歌した私たちに、残ったのは大借金である。

うるさいところには他から借りてお金を払い、全員が借金をして返せるものを返して、できることを全部やってなんとか1年間は生き残ったが、最終的に20億~30億円が借金として残った。私が背負ったのは3億~4億円である。当時、神奈川県川崎市の溝の口にマンションを買って、恋人を住まわせていた。抵当に入っていて、いずれ執行をかけられる運命を恋人は知らない。住んでいた東京の家にはもう住めないので、この恋人の住むマンションに隠れるようになった。隠れながら、やり繰りして借金を支払って、それでも行き詰まっての繰り返し。借金取りに追い込まれ寝る間もなく、虚脱状態のまま時間だけが過ぎていった。それはコールタールの池で力尽きて沈みゆくような感覚だ。

１９９１年はこうして過ぎていった。

個人で投資顧問などの看板を掲げて証券業をやっていたところの多くは、概ねこのような終わり方をしていたようだ。反対に株式市場を支配していた四大証券会社のうち破綻したのは山一證券だけで、しかも廃業は97年と、相場が崩壊した中で6年もやり繰りできたということになる。そうするとつい、

「株式市場がよみがえれば、テクニックはあるのだから復活できるだろ！」

と淡い希望を口にして励まし合ってしまう。しかし、現実には株式市場にも不動産市場にも復活の芽は一つもない。ただただ下落するばかりで、ほのかに見えた光がまた閉ざされるという無間地獄。下がりすぎたものはいつか上がるのが経済の原理。リバウンドに参入すれば復活もできるのだが、底が見えない。

「もう銭の作りようもないよ」

絵空事の希望よりは、今この現実を吐露する言葉の方が心地良い。冷静なこの私でさえ時に自死が頭をよぎるのだが、どうしても踏み切れない。そうしてまた精神的な苦痛に沈んでいくという日々だった。実際に、金融業界では死を選択した人も多くいた。心臓が止まったところで借金が減るわけではないのだが、苦痛からは解放されるからだ。

「取り返すからお金を貸してください」

同僚は、詰め寄る債権者にこう言い返した。私は返すことしか考えられなくなっていたが、それを目の当たりにした時、「こんな時でもまだ金のことを、儲けることを考えているのか……」と鳥肌が立ったものだ。

もちろんこの時の経験が後の人生に生きているのは言うまでもない。小さい借金は人を殺すが、大きな借金は次の金を生むということである。小さな額の借金は貸した側も相手を恨む余裕が生まれるが、あまりにも大きな額だと貸した側も一緒に対策を練ることに尽力しなければならなくなるからだ。何より大金を貸すには相手に対する信頼感が必要で、その信頼感は私の場合、持っている金融スキルに対する評価が作り上げている。今現在は貸した金が焦げ付いているものの、貸した相手は「何かのチャンスを与えれば貸した分どころか、儲けさせてくれる」とどこかで思っているのだ。

逃れようのない虚脱感の中で借金を返していく過程では、当然だが筋の悪い方からも巨大な金を借りていた。彼女のマンションに逃げていた私にヤクザが「どうすんだ?」と凄んで追い込みをかけてくるのは当然の帰結である。物心両面で脳死状態に陥った状況では、逃げる気力さえない。自分で話し合いに出ると決心したことで、私の人生は激変を迎えることとなった。

黒い経済界への旅立ち

警察庁や金融庁の指導によって、各金融機関などは「暴力団関係企業」をこう定義付けている。

「暴力団員が実質的にその経営に関与している企業、準構成員若しくは元暴力団員が実質的に経営する企業であって暴力団に資金提供を行うなど暴力団の維持若しくは運営に積極的に協力し、若しくは関与するもの又は業務の遂行等において積極的に暴力団を利用し暴力団の維持若しくは運営に協力している企業をいう」

警察はこうした経済活動に関係する者を「企業舎弟」と呼び、暴力団は「フロント」と呼ぶ。その時に私が話し合った相手こそ、山口組系組織のフロントだった。東京に住むこの人物は「こっちにも借金があるだろう。どうするんだ？」と迫ってきた。

出ていけばいきなり車で連れ去られて、拘束され、内臓を抜かれて……そんなことを考えていた私は、相手の質問にいささか拍子抜けをした。「どうする？」ということは、これから先の選択肢が用意されているということだからだ。どうも私は終わりではないようだ。ならばと、私はこう答えた。

「お金はもうありません。今の状況では作ることもできません。ただし、私にはスキルはありますから証券業をやらせてくれれば、すぐに取り返します」

元手さえあれば勝負をして勝つ自信があってのことだった。私の身体をバラバラに切り刻んで売っても借りた金額には届かないし、マグロ漁船に一生乗っても返せる額ではないのだ。ここで未来の選択肢を与えられているということは、少なくとも私を信用しているということでもある。そのフロントもやはり株や不動産をビジネスにしていたのだが、私のところに金を出していた。どうも私が借りた金の元手は親分だったようで、私はその人物の前に連れていかれることとなった。

「すいませんでした」

謝ったところで金が生まれるはずがないことは重々承知していたが、少しでも感情が和らげばと思っての行為だった。しかし親分は本当に立派な方で、感情を害しているどころか破顔一笑。

「わしは金あるからの。金出したるから、いい話持ってこいよ」

こう私の肩を叩いたのだ。とはいえ相手はヤクザ、しかも日本最大のヤクザ組織である五代目山口組の直参だ。いくら笑顔とはいえ、こう言われれば、普通であれば「しまった。もう抜け出せない。表社会には帰れない片道切符をつかまされたんだ」と、思うところなのだが、その瞬間私はまったく逆なことを考えていた。

「やったぞ、これでまた勝負ができる。ヤクザだから審査もない。巨大な他人資本を捕まえた」

　こうして私は裏社会の住人になった。親分自身、大きな株の取引をやっていたのだが、株で大失敗した私を見ながらこう言うのだ。

「よくも知らん会社の株買うのぉ。君はそこの社長とおうたことあるんか？」

「いや会ったことなんてないですよ」

　こう答えると、親分は意外だという表情で、こう言った。

「素人さんは怖いもの知らないのぉ。わしはそこの社長と話してからやないと、株買わんぞ。最後はそこに責任取らすからの」

　インサイダーでなければ株なんて儲かるはずがないということだ。今まで私がしてきたことを全部ひっくり返された気分だった。それまで暴力団は「企業を脅して、せいぜい無理矢理強請《ゆす》り取る程度だろう」と軽く見ていたのだ。まさか、これほどの人脈や影響力を持っているとは——こうしてカシラ（若頭）のフロントとして暴力団員のキャリアをスタートさせた私は、暴力と経済が癒着した凄まじいパワーを思い知り、経験することになった。

暴力経済

黒い経済界に入った私は、経験したことのない異次元の「ファイナンス」に直面する。「ちょっと企業に10億円貸すからお前、話しに行ってこい」

相手は上場企業だが、私が行くと「じゃあ新株刷りますよ」と企業側が持ちかけてくる。こちらは「10億円はどうやって運びますか？」「いくらで新株刷りますか？」という交渉に入るのだが、この時に必要になるのがファイナンスの知識やスキルである。例えば貸す金が黒い金の場合は洗浄が必要になるし、新株の金額が適正かどうかの判断も必要になる。わかったのは、「株は買う物ではなく売る物だ」ということだった。まだ株券が電子化する以前だったが「紙きれを刷って売れば儲かる」という現場は、株取引をしていた私にとっても驚愕だった。

10億円を貸すことで譲り受ける株券は、市場価格より安い。株式市場では1000円で売買されている株券が、800円で手に入るのだからそのまま売れば簡単に一株200円の利益が出る仕組みだ。さらに企業側からはいつ、どういう方法で株価を上げるから、こうやってくださいというレクチャーまで受けるおまけ付きだ。まさに出来レースである。

資金量を背景に仕手に情熱を燃やし、バブル崩壊で地獄を味わってきた私は、愕然とすることになった。

「なんだこんなもんか、俺は今まで何をやっていたんだ。真面目に株を買って、えらい目に遭って……こいつら紙きれ刷って50億も60億も集めやがって……裏ではヤクザに儲けさせやがって」

と。

だが、黒い経済人たちは法規制によって追い詰められていく。一つがインサイダー規制だ。きっかけは、1987年に起こったタテホ化学事件。同社は債権先物投資の失敗により286億円の損害を出し「タテホ・ショック」と呼ばれるほど債権先物市場と、株式市場に衝撃を与える。その事実を公表する前に同社取締役や、取引先である銀行などが同社の株を売却して損害を逃れた事件である。もっともそれ以前、日本ではインサイダー取引を違法として起訴されたことはなく、当事者たちに違反行為をしているという認識は皆無だったとされている。

こうして翌88年に、証券取引法が改正されインサイダー取引に刑事罰が科せられるようになった。現在は5年以下の懲役もしくは500万円以下の罰金、または懲役と罰金の両方という法定刑で、違法と判断されたインサイダー取引によって得た財産は没収。また、違法行為を行った法人関係者個人だけでなく、法人そのものも処罰対象で、その場合、法人に対して5億円以下の罰金が科せられるようになった。

次いで92年には「暴力団員による不当な行為の防止等に関する法律」、つまり「暴対法」が施行される。これにより、それまで町内会やPTAなどと同じ任意団体だったヤクザ組織は「暴力団」と法規定された。さらに犯罪経歴を保有する暴力団員が一定割合を占め、首領の統制の下に階層的に構成された団体を「指定暴力団」に指定するとして、重点的な規制対象ともなった。

私にとって暴対法は、そう深刻な問題ではなかった。何より暴力が嫌いだし、抵触しなくても活動ができる。この法律自体は私に何のダメージも与えなかったが、将来にわたって規制が強化され続けていくのは目に見えていた。

フロントから本格的にヤクザになった私は、国内市場での株式とファイナンスで黒い経済活動を行った。特に96年からの規制緩和「金融ビッグバン」と、99年と2000年の「ドットコム会社」と呼ばれるITベンチャー設立ブームによるITバブル、さらに03年からのIPOブームではかなり莫大な利益を得たと自負している。IPOとは新規公開株や新規上場株のことで、本来上場できないような規模の会社がジャスダックやナスダック・ジャパンといった新興株式市場などに続々と上場して、「株券」という紙きれを現金化していった。

当時の私が専門にやっていたのは増資の時の第三者割当。親分と同じように、企業が第三者から資金を提供された時に株を渡すという入手方法である。10億円を渡して、株を発行させ市場価格より安く差し出させる。企業が売り方をレクチャーすることもあったが、元々仕手のスキルはあるので、市場に流して高く売り抜けてしまうこともできた。

ヤクザとしての経済活動は順調に進んだが、暴力業界は徐々に追い詰められていった。それ以前では表に出ることもなかったような動きが事件化していったのだ。イトマン事件、皇民党事件をきっかけにした稲川会二代目・石井隆匡会長も関与した東京佐川急便事件では、55年体制が崩壊する結果となった。バブル崩壊後の破綻処理に暴力団への規制強化と、金融規制緩和、産業や資金の海外逃避などと合わさって、国内のコンプライアンスも含めた経済構造が変化したことにより、国内地下経済の未来は縮小すること以外に考えられなかった。

00年以前の経済事件では、政治家など大きなタマが当局からターゲットとされていたが、00年以降はこれまで狙われなかった領域にまで捜査が及ぶようになる。07年には「最後の大物仕手筋」西田晴夫氏が、02年に行った旧南野建設の不正株価操作により逮捕される。そして第三者割当を巡るある経済事件をきっかけに私自身の名前も報じられてしまう。

事件の記憶が世間の人からなくなっても、記録は消えない。黒い経済活動は「知る人ぞ知る」という立場があって大胆に行うことができる。匿名性という生命線を失った私に、これ以上国内で仕事をするという選択肢はなかった。15年の六代目山口組分裂をきっかけに、「猫組長」として執筆活動などを始めた私が、本名の「菅原潮」を自ら明らかにするまで時間をかけたのは、この時に身に付いた習性に他ならない。

こうして国際金融に向かうしかなくなったのだが、日本の金融経済については最先端を走っていた私でさえ、当時はその仕組みを知らなかった。

黒い液体

「燃料のスワップ取引が増えています。中国の原油需要に関係しているようです」

そう教えてくれたのは、私の情報収集要員、A君だった。東京大学出身でメガバンクに勤務していたところを、私が証券会社に転職させた人物だ。03年に中国が戦略石油備蓄基地の建設を開始し、中国政府が「戦略的石油備蓄の目標を大幅に増やす」と発表するのだが、A君はこれに先駆けた市場の変化を私に伝えてきたのである。

組織にどっぷりとその身を浸す組員と違い、表の経済と触れる経済ヤクザは「半暴半民」として、他組織に所属する人物とも横断的にやり取りをし、一緒にビジネスを行う機会も多い。そうして知り合った元在京組織所属の知人の一人が、偶然同時期に「バレル5ドルで毎月2500万（円）の儲けや」と私に耳打ちしてきた。

バレルとは原油の取引単位で、19世紀のアメリカで輸送用に使っていた樽《たる》を指していて、1バレル＝約159リットル。「バレル5ドル」とは、「1バレルに付き5ドルがコミッション（手数料）として支払われる」という意味だ。疑う私に対して、彼はその場でシティバンクのステートメント（入出金明細）を見せてくれた。ごく少数ではあるが、暴力経済の世界で他にも石油で儲けた人間を何人か見た私は、石油取引を徹底的に研究。翌年から原油の先物取引を始めて、やがて現物取引をすることを目指したのだ。

世界的に原油の需要が高まっていたものの、日本国内では一般の人は原油の商いができないことがわかったのも決断の追い風になった。暴力団の経済学とは規制などでしばられている場所に、非合法スレスレのいわば「高速道路」を作ることだ。普通の人がルールによって硬直している市場でこそ、最も有効に機能する。石油は地面から湧いてきて無限に金を生むのだから、「地球資本」とでも呼ぶべき究極の他人資本でもある。

最初の難問はまさに資金だった。契約にこぎ着けたとして、個人で莫大な代金を支払うことができるのだろうか――この問題の解決を模索していた私は、後に証券の世界にたどり着くことになる。

石油ビジネスが好調ということを知った黒い経済人が向かったのは、中国を相手にしたバイヤーサイド（買い手側）だった。欲しがっている相手から注文を取り、業者から買って渡すのだが、私はセラーサイド（売り手側）に向かうことにした。

「安い原油を現地へ買いに行って、欲しがっている国に売ればいいんじゃないか」

という発想だ。とはいえ、仕入れ元への接触は、簡単ではなかった。

「バレル5ドル」の元在京組織の知人に紹介してもらい、マレーシアの国営石油会社、ペトロナスの副社長と会ったものの、個人のブローカーとの取引はあえなく断られた。その席で副社長に紹介を頼んで、次に接触したのはブルネイ王国の王族だ。カリマンタン島北部に位置する人口40万人程度のこの小国には、石油や天然ガス等の化石燃料資源が豊富にある。国民1人当たりの購買力平価ＧＤＰが日本より高く、世界トップレベルという王国である。

「昨日も日本のヤクザに会ったよ。〝スミヨシカイ〟というグループだ」

この王族は富裕層独特の陽性の性格で、こう愛想よく私を迎えてくれたものの、答えは「ノー」だった。この王族の紹介で接触したのが、サウジアラビア王国の石油会社、サウジアラムコの重職者だ。サウジアラムコは世界の原油生産の1割近く、埋蔵量の15％を握るとされる巨大国営企業。その圧倒的な存在感は、エネルギー界の「巨人」そのものだ。

すぐにサウジアラビアに飛んだものの、やはり答えはこれまでと同じだった。だが落胆する私に、サウジアラムコの担当者がこう告げた。

「イエメンにアロケーションホルダーがいて、ココは勝手に出せるから、行って契約してきたら安く買えるよ」

「アロケーションホルダー」とは、油田から原油を採掘して販売する権利を持つ人のことで、紹介されたのはイエメンのある部族長だった。だがイエメンはイスラム教シーア派系武装勢力「フーシ派」が、正規軍と散発的な戦闘を繰り広げている地だ。「神は偉大なり。アメリカに死を。イスラエルに死を。ユダヤ教に呪いを。イスラムに勝利を」というフーシ派のスローガンは、わずかな時間私を竦《すく》ませた。

石油と証券

サウジアラビアにある油田の採掘と販売権を、イエメンの部族長が保有している理由も、「フーシ」にあった。「フーシ」はサウジアラビアとも敵対していて、サウジはイエメン国内の「反フーシ派」を支援しているからだ。「敵の敵は味方」の言葉通りだが、武器や資金の直接供給は、他のアラブ諸国との軋轢《あつれき》に発展しかねないということで、石油の権利を与えているという間接支援の形となっている。

ハイリスク・ハイリターンという言葉があるが、私の選択肢に「ハイリスク」は存在しない。「リスク」はマネージ（管理）すべきもので、コントロールしうる限り「リスク」ではないからだ。準備こそがリスクをコントロールする鍵である。拘束された時に言えるか言えないかが生命の分岐点ということで、「フーシ派」の掲げるスローガンをアラビア語で暗唱できるようにした私は部族長のところへと向かった。

オマーンで武装したコーディネーターを雇い、陸路でイエメン入りした私だが、準備のおかげで旅は安全なものだった。

「ジハードのために体を張れ。体が張れないならカネで応援せよ。それもできないなら祈っていろ」

と壁に書かれた建物で出会った部族長はパレスチナ自治政府のアラファト初代大統領に似た60歳前後の人物で、遠い国から来た私を歓待してくれた。握手をして、食事をした時点で、ビジネスはほぼ終わっていた。甘い練乳入りのお茶「シャイハリブ」を飲みながら、原油取引について話し始めると、「いくらでも売ってやる」と答えてくれたのだ。

仲介するだけにしても、買付資金を証明できない者は信用されないということで、私は300ミリオンUSドル、当時の為替レートで350億円のBGを見せて、原油販売のマンデート（委任状）を手に入れた。もちろん入手先は、ブローカーで、中身はスカスカであることは言うまでもない。こうした見せ金としてだけではなく、石油の世界こそ、証券やペーパーの行き交う世界だ。石油取引独特の利益配分は、証券を使う動機の一つとなっている。

石油取引においては、その取引に関与した人を全員漏れなくコミッション（手数料）の契約書に載せるというルールがある。すなわち「紹介者A　バレル1ドル」「仲介者B　バレル2ドル」「協力者C　バレル0・5ドル」というように、その取引に関わった人全部にコミッションが入るようになっていて、誰が誰の紹介で、どういう流れでこの取引が成立したかがわかるようになっているのだ。

取引に関与した人たちの中には、税金対策としてオフショアに口座を持っている人もいる。またその人の国籍や立場などで国税局の監視が強い場合もある。コミッションの支払いは相手の口座に直接振り込むということの方が稀で、非常に複雑なやり方を要求されるのだ。例えば、

「A銀行の口座から、一度4分割して、シリアのB銀行、香港のC銀行、バージン諸島のD銀行の各指定口座に入金後、それをロンドンのE銀行の指定口座に入金して欲しい」

といったものだ。その過程で一度証券に換えて欲しいと依頼されたりすることもある。

また、石油を購入する際にも証券の取引が必要な場合があり、「船が無事に着いたら支払

いが行われるように銀行にお願いする」というオプションを、最初の契約で要求されることもあった。

私自身イエメンの部族長との契約によって石油ビジネスを一気に拡大し、利益も莫大なものになっていった。石油の決済はドルで、入金は海外の銀行口座。現地で金を使うことはできても知れている。この金をどこかに移動させなければ、なんの面白味もない。こうして私は証券と資金移動のスキルを覚えていくことになった。ジュファリ氏同様にＳＢＬ／Ｃを利用したこともある。だが、まもなく厄災が訪れることになる。

資金監視と没収

石油ビジネスは順調だった。というよりも、順調すぎた。長期のターム契約も取ることができ、個人で扱うには規模が大きくなりすぎていた。私が紹介した人物が大量取引に関与すると、紹介者の私にもコミッションが支払われる。さらに紹介者が紹介者へと連鎖するたびに、入金されるコミッションは大きくなっていった。月に2億〜3億円、多い時で十何億と入金され……知らない間に巨大取引の末席に名を連ねていたことが確認できたのは、あとで送られてきたコミッションノートを見てからだった。

私はイギリスの銀行に口座を作って、そこにコミッションを送金するよう指示していたのだが、ある時銀行からこんな連絡があった。

「キャパが増えて、当行では個人口座の規模を超えていますので口座を替えてください」

窮した私が中東の友人に尋ねると、

「オフショアのバハマにあるバンク・アルタクアはいい銀行で、送金も楽だからみんな使っているよ」

と教えてくれた。早速その銀行に口座を作り、ロンドンからほとんどの資金を移した時、私に奇妙な依頼をする人物がいた。その人物は口座を持っていないながら、サウジアラビア産の石油を扱っているということで、私にこう持ちかけてきたのだ。

「僕のもまとめて受け取ってください。手数料を払うから後で分配してください」

人の紹介だったこともあり、無下にもできず私は快諾した。そうして同様の依頼を受けるようになり、何十口もの他人の手数料が私の口座に入るようになっていた。私の新たな口座はこうして石油取引の代理口座になっていったのだ。口座残高が250億円を超えた時、私は、自分の資金を自分でコントロールできない状態に焦り始めていた。

そしてその日がやってくる。バンク・アルタクアが銀行ごと凍結されたのだ。

凍結したのはアメリカ政府である。私が代理で引き受けていた人物の中に、アラビア半島のアルカーイダの関係者がいたのだ。完全に合法だと思っていた石油ビジネスだが、いつの間にかテロリストの資金を扱っていて、知らぬ間に私はテロリストとされていたのだ。バハマの銀行には私以外にもそうした怪しい金のやり取りがあり、アメリカが制裁として銀行を凍結したのである。

暴排条例によって組員の減った組織は、数合わせで第三者を勝手に組員にすることも増えているが、同じ「知らぬ間」でも、組員とテロリストでは雲泥の差だ。この時の影響で、「監視対象者」となった私は、しばらく不自由な生活を余儀なくされることとなった。イギリスのロンドン・ヒースロー空港では、スコットランドヤード（ロンドン警視庁）の金融犯罪部局とアメリカ捜査当局の連合に拘束され、「パレルモ条約5条、6条に基づいた英国法であなたを拘束します」と告げられた。5条は「組織的な犯罪集団への参加の犯罪化」、6条とは「犯罪収益の洗浄の犯罪化」だ。もっとも拘束されたその日に、すぐに裁判所へ連行され、審問を経て、関与の立証不可能ということで、保釈となったが。海外での拘束は記憶にあるだけで6回を数えている。

こうして私に巨大な資金を提供した石油ビジネスはゼロとなったが、獲得した国際金融の最先端のスキルは金で買うことはできないほど貴重なもので、一般人となった現在の私の経済活動を支えている。

一連の経験がゴーン氏の事件分析に機能していることは言うまでもない。

第5章

マネーのブラックホール

資金洗浄という秘術

私はゴーン氏の事件の本質を「マネーロンダリング」（資金洗浄）であるとしているが、この指摘に納得できない人も多くいるだろう。多くの日本人にとってマネーロンダリングとは、犯罪組織が黒い収益を白くするものという程度の認識で、その実態を明確にイメージできないと私は考えている。

金融の流動性が高くなった現在では、黒い金を洗浄することだけがマネーロンダリングではない。国際金融を舞台に犯罪収益を移転させ、膨張させながら、法空間の及ばない第三国でプールするやり方が主流となっている。

それは、口伝によって後世に受け継がれながら、新たに生み出される規制に対応するためにアップデートされる黒い秘術だ。それゆえマネーロンダリングについて歴史を証明する文献は、ほとんど存在しない。

地下経済に住みながら、実務を行うことがマネーロンダリングを理解する唯一の方法だ。実は私自身、最初の頃は何度か失敗をしており、石油取引を通じた経験の積み重ねによって秘術を獲得するに至った。

そこで本章ではマネーロンダリングの解説を行いたい。私自身が手を染めたマネーロンダリングも可能な限り明かすことで、理解はより深まるだろう。犯罪組織に所属していた人間が、過去とはいえ自らの手を明かすことはほとんどない。

貴重な資料になると自負している。

大物の黒い経済人は無職、無収入ばかりか、時として慈善家を自称する。元々「札付き」と思われていたそうした人が、急に散財を始めたら疑惑が付きまとう。税務署は調査に入るだろうし、横領が疑われていれば「犯人では？」と思われることもあるだろう。銀行強盗で得た紙幣は番号が記録されているかも知れない。

豊かさと、疑惑の視線の及ばない静かな暮らしの両立が黒い経済人の求めるライフスタイルだ。だが、悪事で稼いだ金を銀行に預けるのはもちろんのこと、ダイヤモンドなどの高額な商品や、株券を購入すれば証拠が残るということで、犯罪収益の多くは現金での保管ということになる。

日本の暴力団も資産は現金での保管がほとんどだ。

現役時代の私が、ある大物経済ヤクザの親分に8億円の融資をお願いしたところ、「貸すから取りに来い」ということになった。指定された場所で「ほら」と指さされた先には、巨大なケースが並んでいた。私はそれを汗だくで車に詰め込み、神戸まで運んだことがある。

このように、大量の現金を移動させることは、時に苦痛を伴う作業となる。何より資産は保管しておくだけでは、ただの置物に過ぎない。使えるようになって初めて価値を持つということで、裏に蓄財した現金を表に出せるようにする必要がある。そうすれば表の経済活動への投資も可能となる。

これが犯罪組織が資金洗浄を行う動機だ。

最初の洗浄はコインランドリー

歴史上、資金洗浄を初めて行ったとされているのは、アメリカのマフィア組織「シカゴ・アウトフィット」のボス、アル・カポネとされている。

ニューヨークのギャングとして暗黒街のキャリアをスタートさせたカポネは、１９２０年にシカゴに移り住む。この年は、いわゆる「禁酒法」が施行された年で、マフィアが密造酒の運搬と販売によって、組織の近代化と巨大化へと向かった元年だ。

カポネはその強烈な暴力性で、シカゴの組織の中でほどなく頭角を現した。

カポネが最初にロンダリングに使ったのは、コインランドリーだった。少額の匿名の現金が大量に集まるコインランドリーをいくつも所有し、その売り上げの中に黒い金を潜り込ませる手口だ。疑惑の目に対してカポネは「洗濯屋で儲けた」と言いのけることができるようになった。

資金洗浄には「washing」（洗浄）が使われてもおかしくないのだが、カポネの「コインランドリー」が元になって、「ロンダリング」（laundering＝洗濯する）という言葉が当てられたとされている。

さらにカポネは、カジノもロンダリングの場所に使った。カジノは匿名の現金が集まるばかりか、現金はチップに交換される。そのチップを第三者に手渡し、第三者が換金することで決済も行うことができる。犯罪組織にとっては、実に便利な交換所となった。

実は、この時点で、今日まで続くロンダリングの技術は基本的に完成している。どれほど世の中の金融システムが進化しても、資金洗浄は「三段階」の作業に集約されるからだ。

資金洗浄を「三段階」に理論化したのは、乱立するニューヨークのマフィア組織を五大ファミリーによる合議制に変革した、カポネと同世代のラッキー・ルチアーノの右腕で、組織の「金庫番」とされていた大幹部のマイヤー・ランスキーだったとされている。

それは①プレイスメント、②レイヤーリング、そして③インテグレーションと呼ばれる。

第一段階の「プレイス（place＝置く）メント」とは、正常な金融システムの中に黒い金を乗せる作業だ。第二段階の「レイヤーリング」とは、正規の金融システムにプレイスされた黒い金を、正規な取引に混ぜる作業のことだ。「レイヤー」(layer) とは「層」という意味で、白い金と黒い金の層を作りだすのが「レイヤーリング」だ。最後が「インテグレーション」(integration＝統合・集大成) で、層を移動させて、混ぜて、統合することだ。

カジノを例にして解説しよう。

カジノの場合では、犯罪収益をチップに換えることが「プレイスメント」に当たる。そして場に賭けることで、正規のチップと黒いチップが層になるので、レイヤーリングが完成する。賭けの工程で白いチップと黒いチップは統合され、最後に清算して申告するものは申告すればインテグレーションが完了となる。

コインランドリーの場合はもっとシンプルで、集めた白い収益と黒い収益を並べ (プレイスメント)、それを一緒にし (レイヤーリング)、混ぜた後に「コインランドリーで儲けた金だ」と説明して銀行に預ける (インテグレーション) ことでロンダリングが完成する。

私のロンダリング

カポネ、マイヤー・ランスキーなど、暗黒街は組織近代化の創成期からマネーロンダリングスキルの開発に腐心した。この秘術を練り上げた結果、金融の流動性と監視の壁が高くなった現在の資金洗浄の大部分は、国際送金システム「SWIFT」を使って行われている。プレイスメントとレイヤーリング、インテグレーションを、国境を越え、証券などに形を変えることを繰り返し行うことで、白さと不透明性の両方を成立させながら、最終目的地へと届けるのだ。

今日の国際金融の中でどのようにマネーロンダリングが行われているのかを、私自身が手を染めた例を使って説明したい。いつ実行したのかを知らせることはできないものの、これは麻薬や武器の取引で儲けた犯罪組織が行うのと同じスキームだ。SWIFTの解説を振り返ると、理解が進むだろう。

その日、私はあるロシア人から、

「3億円の日本円を、可能な限り大きな額にしてケイマンのオフショアに移転させて欲しい」

という依頼を受けた。依頼者は旧知のロシア人。その人物の素性からすれば、その3億円の背景が明るいものではないことは明らかだった。

だが黒い世界では「知る必要のないことは尋ねない」のがルールだ。こうすれば、どこかで計画が露見し捜査機関から厳しい取り調べを受けても「知らない」という答えしか出てこない。また、自分の与《あずか》り知らないうちに組織間のトラブルに巻き込まれて、尋問を受けても「わからない」と繰り返すことができる。

暴力社会では「知らない」ということ以上の武器はない。

国際金融の状況を調べた私は、資金移転の計画を作成し、ロシア人に伝え準備をして実行ということになった。依頼した時点で、ロシア人の黒い金は「私」にプレイスメントされたことになる。

国際金融への出発点として私が選んだのは、愛知県内に本店を置く銀行だ。ご存じのように愛知県にはトヨタを筆頭に、グループ傘下も含めて大きな額の輸出入を行う企業が林立している。大卒サラリーマンの生涯賃金にあたる「3億円」も、こうした巨大な金の流れにあっては見つかりにくくなることが、愛知の銀行を選んだ理由だ。指定された場所でロシア人から現金を受け取った私は、選んだ銀行の支店窓口を利用することにした。重い現金を運ぶリスクを嫌ったからだ。

そこで私は、ＳＷＩＦＴコード「ＭＴ１０３」を使って、ドバイにある銀行の指定口座に現金を移転した。「ＭＴ１００」番台はキャッシュベースの送金ということで監視されやすい。証券ベースの送金方法である「ＭＴ７００」番台で「ＰＯＦコラテラル」を使おうとしたものの、窓口でいくら説明しても不可能だった。普段農家の預金を扱うことが主な業務の地方支店にあって、突如、黒い国際送金の表舞台に立たされた気の毒な郊外支店担当者は「わかりません」「できません」を繰り返すのみ。「MT103」は苦肉の策だった。

こうして日本の金融システムにプレイスメントされ、銀行内でレイヤーリングされた「3億円」は、ドバイの金融システムへとプレイスメントされることになった。

中東の金融ハブセンターから「金融の聖地」へ

産油地中東にあって、石油埋蔵量の少ないドバイは1980年代半ばから、中東経済における金融と流通のハブ（中継地）としての開発が政府主導で行われた。そのおかげで、石油やダイヤモンド、あらゆる証券が行き交うようになる。木を隠すのは森の中ということで、流通量の多いハブに資産を送る（プレイスメントする）ということは、レイヤーリングとインテグレーションが良好に行われることを意味する。

おかげで、ドバイは黒い経済人たちが愛用する金融センターの一つとなっているが。

私が「3億円」を送った先はドバイ最大手の銀行「エミレーツNBD」だ。私のオフィサー（担当者）は、まだ20代そこそこの女性だったが、日本の金融機関と違って説明不要であらゆる融通をきかせてくれる。

エミレーツNBDにプレイスメントされた「3億円」は、次に私が予定していた、「シティ」のバークレイズ銀行にPOFコラテラルで送られることとなった。まずNBDからバークレイズ銀行にMT799によって資金証明が行われ、バークレイズ銀行が確認すると、NBDからMT760で送金が実行される。

こうして「3億円」はSWIFTを使って「資金証明」という形にインテグレーションされ、バークレイズ銀行へとプレイスメントされることになった。

ここで重要なのが、送る先が「シティ」である点だ。

「シティ」とは、「シティ・オブ・ロンドン」の略称だ。大ロンドン庁（グレーター・ロンドン・オーソリティー）という行政区の中央部にありながら、別な市長を持つ金融の自由都市である。

その「シティ」こそが裏表を問わず世界の国際金融の特異点となっている。あらゆる資産を飲み込む金融のブラックホール「タックスヘイブン」（あるいは「オフショア」とも呼ばれる）はマネーロンダリングの要所だが、それは「シティ」の模倣として作られたものだからだ。

解説しよう。

15世紀の大航海時代から第二次世界大戦終結後まで、ヨーロッパの列強は世界中に進出し次々と植民地を作る。同じヨーロッパでも大陸内部にあるフランスは「面」で植民地化していったのに対して、海洋国家であるイギリスは領地を「点」で取っていった。その「点」こそは世界中の海の要所だ。こうしてイギリスは「点の植民地」を国外領地にして海洋大国となっていった。

当時、基軸通貨の概念はなかったが、産業革命と植民地を経由する三角貿易などでイギリスは覇権国家となり、その貨幣、ポンドはいわば「世界の基軸通貨」となる。しかし第二次世界大戦が勃発して、生産力は減り、植民地インドと清（中国）を失ったイギリスは経済的に没落。終戦直前には基軸通貨がドルとなった。

第二次世界大戦後の世界はアメリカとの経済戦争になると判断したイギリスは、植民地や、支配力が効いていた地域を「シティ」と同様の金融の自由都市にして対抗した。ガーンジー島、マン島などの王室属領、ケイマンやジブラルタルなどの海外領土、シンガポール、キプロス、バヌアツのようなイギリス連邦加盟国、香港などの旧植民地……イギリスは「シティ」を中心としたタックスヘイブンの重層的なグローバルネットワークを作り上げる。

ドルに基軸通貨の座を奪われたイギリスだが、ドル自体の取引量は世界の貿易決済量で見るとシティが約4割で、ウォールストリートは2割ぐらいしかない。マネーエクスチェンジの大部分がシティで行われていることは、金融面でアメリカとの経済戦争をほぼ互角に戦えていることの根拠の一つと言っていいだろう。

「金融の自由都市」とは、言い換えれば、金融の治外法権域であるということで、世界中の金融機関が集まる。

イギリスのEU離脱においてシティの扱いが決定できない問題の一つとなっている理由も、EUがシティを失った時の影響が大きいことにある。どれほどニューヨークが発展しても、「シティ」の「金融の聖地」としての立場は今のところ揺らいでいない。

3億円を2億ドルにする

「BC屋」と呼ばれる証券ブローカーが多く事務所を構えていることは、シティが金融の治外法権域であることの象徴の一つと言えるだろう。BCは、Balance Certificate（＝残高証明書）の略で、BC屋はSBL／C、BD（Bank Draft＝送金小切手）、BG（銀行保証書）などありとあらゆる証券を扱う。

ところで皆さんは、「ポン手」という言葉を聞いたことがあるだろうか？

支払期日に「ポンと飛ぶ」（不渡りする）から「ポン手」と呼ばれる手形がある。最初から口座と手形帳のためだけに会社を設立して、その後、ポン手屋は手形をバラ売りするのだ。額面は好きなだけ入れられるのだが、高額になればなるほど印紙代も高くなる。

東京なら新橋や御徒町、大阪なら日本橋に多いのだが、そうして販売される「ポン手」には支払期日が記入されていて、その日には発行した手形がすべて不渡りになる仕組みだ。支払期日までの残り期日が短くなると、ポン手屋は、

「来月末が命日や。安うするで」

と、「ポン手」をディスカウントする。

ポン手屋で入手できるポン手には、期日までは記載された事務所も存在し、事務員が電話応対までしてくれる親切なサービスが付いている。ポン手を担保に商品を仕入れ、代金を未払いにしたまま逃げる「取り込み詐欺」は、利用方法の典型例だ。そのほかに、借金のための融通手形や、支払延期など、国内の脱法

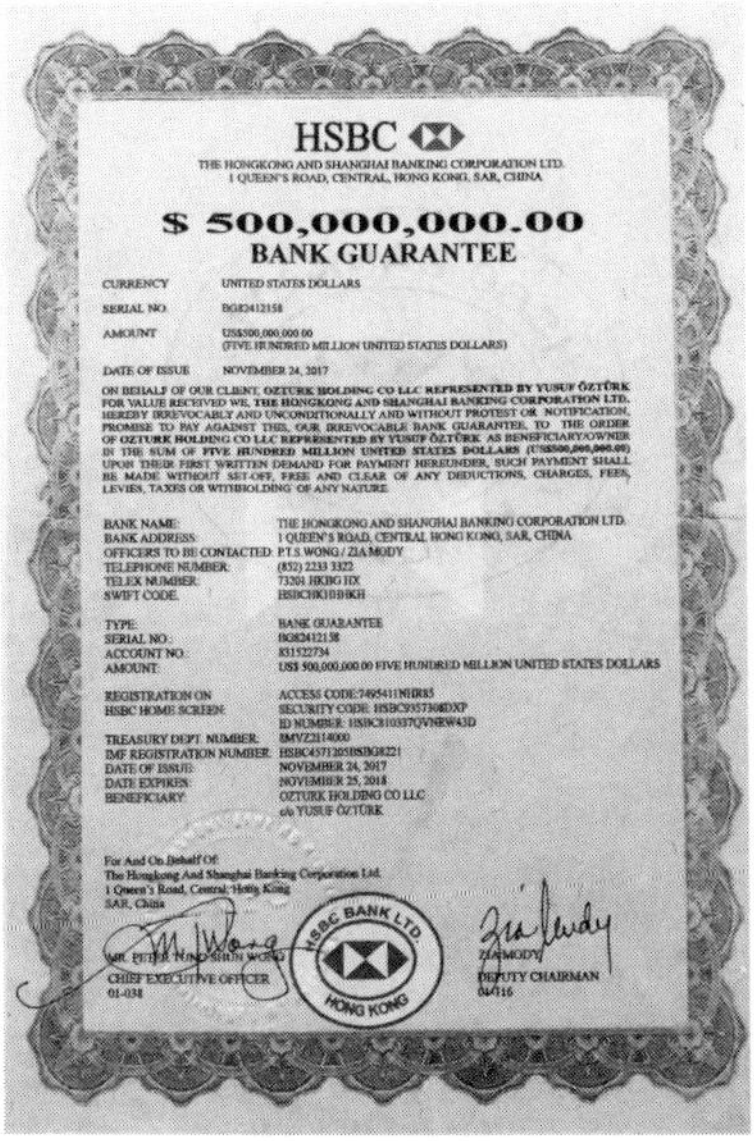

HSBC
THE HONGKONG AND SHANGHAI BANKING CORPORATION LTD.
1 QUEEN'S ROAD, CENTRAL, HONG KONG, SAR, CHINA

$ 500,000,000.00
BANK GUARANTEE

CURRENCY　UNITED STATES DOLLARS
SERIAL NO　BG82412158
AMOUNT　US$500,000,000.00 (FIVE HUNDRED MILLION UNITED STATES DOLLARS)
DATE OF ISSUE　NOVEMBER 24, 2017

ON BEHALF OF OUR CLIENT, OZTURK HOLDING CO LLC REPRESENTED BY YUSUF ÖZTÜRK FOR VALUE RECEIVED WE, THE HONGKONG AND SHANGHAI BANKING CORPORATION LTD. HEREBY IRREVOCABLY AND UNCONDITIONALLY AND WITHOUT PROTEST OR NOTIFICATION, PROMISE TO PAY AGAINST THIS, OUR IRREVOCABLE BANK GUARANTEE, TO THE ORDER OF OZTURK HOLDING CO LLC REPRESENTED BY YUSUF ÖZTÜRK AS BENEFICIARY/OWNER IN THE SUM OF FIVE HUNDRED MILLION UNITED STATES DOLLARS (US$500,000,000.00) UPON THEIR FIRST WRITTEN DEMAND FOR PAYMENT HEREUNDER, SUCH PAYMENT SHALL BE MADE WITHOUT SET-OFF, FREE AND CLEAR OF ANY DEDUCTIONS, CHARGES, FEES, LEVIES, TAXES OR WITHHOLDING OF ANY NATURE.

BANK NAME:　THE HONGKONG AND SHANGHAI BANKING CORPORATION LTD.
BANK ADDRESS:　1 QUEEN'S ROAD, CENTRAL, HONG KONG, SAR, CHINA
OFFICERS TO BE CONTACTED:　P.T.S WONG / ZIA MODY
TELEPHONE NUMBER:　(852) 2233 3322
TELEX NUMBER:　73204 HKBG HX
SWIFT CODE:　HSBCHKHHHKH

TYPE:　BANK GUARANTEE
SERIAL NO.:　BG82412158
ACCOUNT NO.:　831522734
AMOUNT:　US$ 500,000,000.00 FIVE HUNDRED MILLION UNITED STATES DOLLARS

REGISTRATION ON HSBC HOME SCREEN:　ACCESS CODE:7495411NHR85
SECURITY CODE: HSBC9357308DXP
ID NUMBER: HSBC810337QVNEW43D
TREASURY DEPT. NUMBER:　8MVZ2114000
IMF REGISTRATION NUMBER:　HSBC4571205BSBG8221
DATE OF ISSUE:　NOVEMBER 24, 2017
DATE EXPIRES:　NOVEMBER 25, 2018
BENEFICIARY:　OZTURK HOLDING CO LLC c/o YUSUF ÖZTÜRK

For And On Behalf Of:
The Hongkong And Shanghai Banking Corporation Ltd.
1 Queen's Road, Central, Hong Kong
SAR, China

MR. PETER TUNG SHUN WONG
CHIEF EXECUTIVE OFFICER
01-038

HSBC BANK LTD. HONG KONG

ZIA MODY
DEPUTY CHAIRMAN
04/116

図5

した商行為ではその都度ポン手が暗躍する。

石油ビジネスを始めた頃、私はBC屋から額面300ミリオンドル（3億ドル＝当時のレートで約350億円）の、シティバンクが発行した本物のBGを見せ金として入手したが、この時使った費用は約800万円。中身はスカスカのポン手と同じだ。図5のBGもそうして入手したものだが、HSBCが発行した本物である。

すなわち「BC屋」は「ポン手屋」の国際版だ。「ポン手」同様、証券は額面よりはるかに安い金額でリースされたり、ディスカウントされて販売されている。

エミレーツNBDからバークレイズ銀行に移動したPOFを、私はブローカーを通じて200ミリオンドル（2億ドル＝約230億円）のSBL／Cに交換した。貿易は世界中で行われているということで、SBL／Cの流通量も莫大だ。巨大な証券市場へのプレイスメントは、金融監視の厳しいアメリカ上陸に向けてうってつけだ。こうして日本を旅立った3億円は、次節で記すように、あと一手間かけられてアメリカへと向かうことになる。

ジュファリ氏がSBL／Cを利用してゴーン氏に差し入れたことを悪質だと疑う根拠が、このような自己体験にあることは言うまでもない。

カストディアン・ロンダリング

次に私はロンドンで2億ドルにしたＳＢＬ／Ｃを、香港のサンフンカイフィナンシャルの、準備段階で作っておいた指定口座に入庫した。

委託された有価証券の保管や管理などを行う金融機関は「カストディアン」（資産管理銀行）と呼ばれるが、サンフンカイフィナンシャルはそれに当たる。

説明しよう。

トヨタのような超巨大企業の有価証券報告書を見れば、株主に、豊田自動織機やデンソーなどの関連企業に交じって、「日本トラスティ・サービス信託銀行」「ＪＴＣホールディングス」などの名前が記載されていることがわかる。一般の人は聞いたこともない企業名だが、これらは投資家から依頼を受けたカストディアンで、投資家に代わって株を保管している。

カストディアンは個人名、企業名を隠す隠れ蓑になるということで、敵対的買収などの防止のためにカストディアンの中にいる実質的な株主を調査するサービスも存在する。またカストディアンの中には株式だけではなく、ＳＢＬ／Ｃや、ＢＧなど金融の世界のあらゆるペーパーを扱うサービスを用意しているものもある。

国際送金の際にドメスティック銀行がコルレス銀行（国際送金を行う際の中継銀行）を通じてやり取りすることは解説したが、カストディアンも同様の構図になっている。自国だけで有価証券を扱うのが「サブ・カストディアン」、コルレスと同じような働きをするのが「グローバル・カストディアン」となっている。日本の場合は三井住友信託銀行、海外はＪＰモルガン・チェース、シティバンクなどが、グローバル・カストディアンとして著名だ。

ゴーン氏は、金商法で逮捕された直後に、アメリカの大手弁護士事務所「ポール・ワイス・リフキンド・ワートン・アンド・ギャリソン」と契約している。同事務所の顧客には、モルガン・スタンレーやシティグループが名を連ねる。これらの著名「グローバル・カストディアン」の事案を得意とする弁護士事務所の利用は、ゴーン氏が証券をベースにして資金移転を行っていたことを私が疑う根拠の一つとなっている。

入庫された額面2億ドルのＳＢＬ／Ｃを、私はアメリカのグローバル・カストディアン、ＪＰモルガン・チェースとの間で同額面のＳＢＬ／Ｃに交換するようサンフンカイフィナンシャルに指示した。自分のＳＷＩＦＴから一回証券を外すことが目的だ。

もちろん、証券会社にも怪しい高額取引を監視し報告することが求められている。通常ならば怪しまれてもおかしくないのだが、この当時、サンフンカイの規制は厳格ではないということは地下経済のニュースで把握済みだった。流通量が多いＳＢＬ／Ｃを秘匿性の高いカストディアン同士の取引を経由させたことで、さらに高いレベルの洗浄を行ったこ

```
                                    [redacted]:[redacted]/[redacted]
                                      14:21:33 GMT

              [redacted]/[redacted]/[redacted]     14:21:33      PRTORFWSBLC-    USD200M 1421334433
-----------------------------------------------------------------------------------------------
SENDER INPUT REFERENCE: CBN: AMS 01 44 33/ 1421333323200MUSD3344 SBLCCBCFNMSG4433200M
-----------------------------------------------------------------------------------------------
--------------------------INSTANCE TYPE AND TRANSMISSION------------------------------------
-------------------------------------------------------------------------------------------
S.W.I.F.T                      : MT534 MESSAGE
NOTIFICATION (TRANSMISSION)    : OF ORIGINAL SENT TO SWIFT (ACK)
NETWORK DELIVERY STATUS        : NETWORK ACK
PRIORITY / DELIVERY            : URG
MESSAGE INPUT REFERENCE        : 33-011816RTDCYLCBLCKCF BARCGB22
SRCRTE: BARCGB22               : DEST RTE  : BARCGB22
-----------------------------------MESSAGE HEADER-----------------------------------------
SWIFT INPUT                    : MT 534
***SENDER                      : CITIUS33
BANK NAME                      : CITIBANK, N.A.
                               ROCKVILLE PIKE, 822 ROCKVILLE PIKE, ROCKVILLE,MD 20852, USA
ACCOUNT NAME                   : VISTA HOLDINGS, LLC
TRANSACTION REF.               : BROADSTONE INTERNATIONAL, INC
TRANSACTION COM                : B2I/VHLLC/M200/1215
ACCOUNT NUMBER                 : 9107067484
***RECEIVER                    : BARCGB22
                               BARCLAYS BANK. 1 CHURCHILL PLACE LONDON E14 5HP ENGLAND.
***MUR                         200443333230118163344
-----------------------------------------------------------------------------------------------
MESSAGE TYPE MT534
:20: REFERENCE NUMBER: 33440118163323
:21: YOUR MT542 PRESENTING BANK'S REFERENCE: SBLCBKCFN3323ISSUE
:21A: INSTRUMENT: SBLC
:23: FURTHER IDENTIFICATION: REFUSAL BLOCKING CONFIRMATION
:27: SEQUENCE OF TOTAL: 1/2
:28E: 1/AUTOMATIC SYSTEM COPY
:30: DATE: [redacted]/[redacted]/[redacted]
:31:ID: CBN33233344200MUSD011816
:32A: DATE AND AMOUNT OF UTILISATION
12/29/15
AMOUNT: USD 200,000,000.00
:52B: SENDER:
BANK NAME: CITIBANK, N.A.
BANK ADDRESS: ROCKVILLE PIKE, 822 ROCKVILLE PIKE, ROCKVILLE, MD 20852, USA
:53B: SENDER'S CORRESPONDENT: DT033 44 01/18/163323 CITIUS33-SBLC44330118
:57: RECEIVING INSTITUTION: BARCLAYS BANK. 1 CHURCHILL PLACE LONDON E14 5HP ENGLAND.
ACCOUNT NAME: SUN HUNG KAI & CO. LIMITED.
ACCOUNT NUMBER: 33 49 23 98
:59: IN FAVOR OF OUR CLIENT VISTA HOLDINGS, LLC.
:70: TRACKING NUMBER: 0118164433441421330118162OOM
:72: SENDER TO RECEIVER INFORMATION
WE HAVE RECEIVED DOCS AND NOTICED
THE FOLLOWING DISCREPANCIES:
WE, CITIBANK, N.A, LOCATED AT ROCKVILLE PIKE, 822 ROCKVILLE PIKE, ROCKVILLE, MD 20852, USA,
HEREBY CONFIRM WITH FULL
BANK RESPONSIBILITY THAT OUR LEGAL DEPARTMENT, CAN NOT ACCEPT THE BLOCKING SBLC TO OUR
CLIENT VISTA HOLDINGS, LLC, FOR DISCREPANCIES WITH THE ABOVE BLOCK SCREEN CONFIRMATION OF
THE SBLC REGISTRATION NUMBER LC BARC3323.
BANK OFFICER: ALAN RODMAN
:77J: DISCREPANCIES
DOCS. ARE REJECTED
US:D 200,000,000.00 DISC. FEE AND ALL OUR RELATIVE SWIFT
CHARGES WILL BE CLAIMED.
:77B: DISPOSAL OF DOCUMENTS
NOTIFY
------------------------------------MESSAGE TRAILER---------------------------------------
PKI SIGNATURE: CBN33CB44LC
TRACK CODE: AMSRF-PRFUSALMT534
DCHC: 334433011816
-------------------------------------INTERVENTIONS----------------------------------------
CATEGORY                       : NETWORK REPORT
CREATION DATE AND TIME         : [redacted]/[redacted]/[redacted]-14:21:33 -RECEIVED TIME: 14:23:08
```

図6

とになる。

もはや原資の黒い影はほとんど洗い流されたと考えていいだろう。いよいよアメリカ本土に上陸する準備ができたということだ。

金融危機の爆心地「オフショア」

さてこうして2億ドルのSBL／Cは、香港からMT534のコードで、SWIFTを通じてアメリカのシティバンクへと入庫されることになった。バークレイズ銀行から、サンフランカイフィナンシャルを経由してシティバンクまで移転させたSWIFTプロトコルが、前ページに掲載したものである（図6）。

一度アメリカ本土に上陸させてしまえば、あとは複雑な作業を必要としない。SBL／Cは、オフショアのケイマン諸島のファンドへと組み込まれることになった。

一連の移転は次ページの図7にまとめてあるが、改めて眺めると実に美しいマネーロンダリングの構図だと自賛することしきりだ。要した手数料は約4億5000万円。これだけの労力と経費をかけても、ファンドの中で運用され莫大な利益を生む黒い錬金術。だが前述したように発行されたSBL／Cには相場で年7％の使用料がかかる。ファンドの運用利率がこれを下回れば、うま味はない。また、海外で生み出された利益を移転させる時

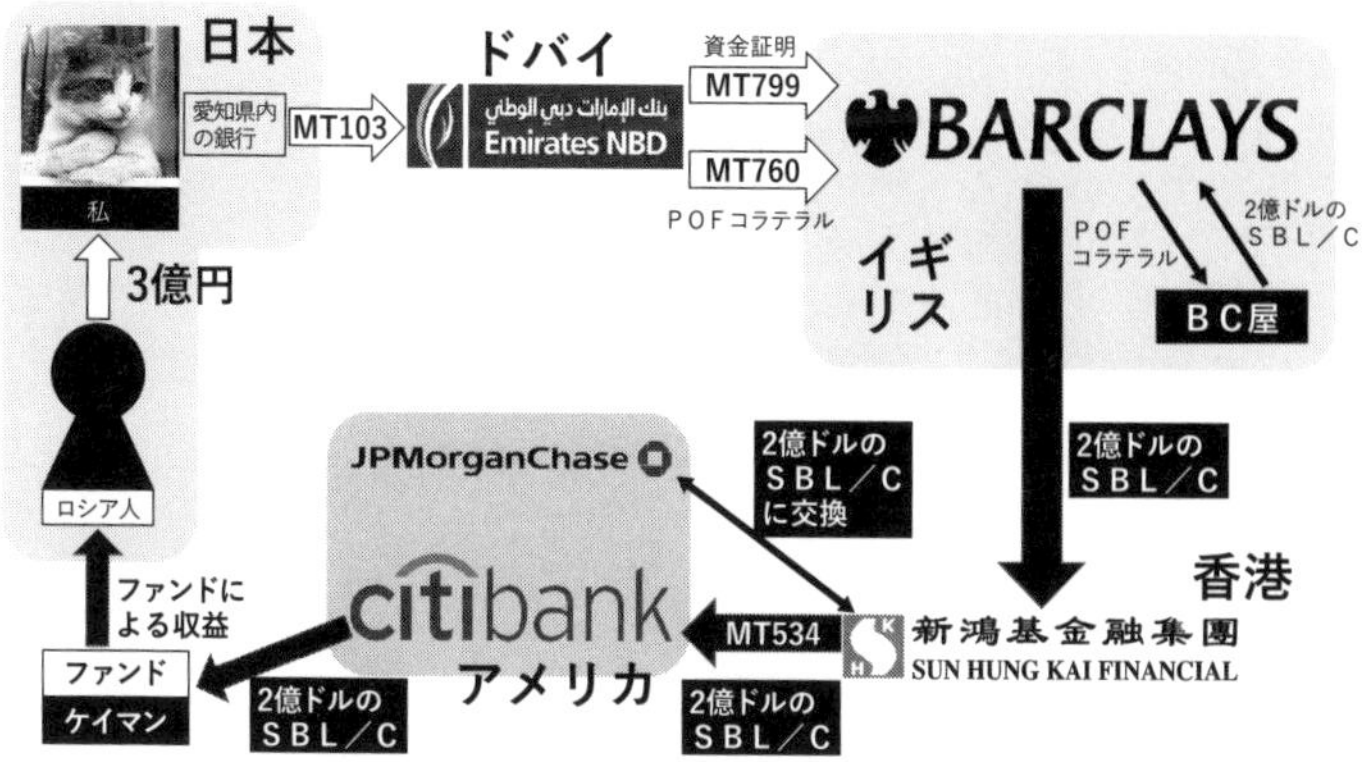

図7

には、さらに手数料や税金などがかかる。銀行の破綻や戦争、国際社会での緊張などの予測できない事案が金融市場を揺らせば、運用利率が暴落するリスクも忘れてはならない。

額面だけが莫大になったものが、そのまま本人の儲けにはならないのだ。このケースでの私の仕事はここまでだったが、これが「3億円」のゴールではない。今回は明かすことができないが、この「先」の話はまだまだあり、そうした黒いスキルも日々アップデートされているのだ。

とはいえ、たった3億円の黒い金が、額面2億ドル（＝約230億円）に交換され、運用された現実に驚く人も多いだろう。だが今回のケースは原資が黒いというだけで、国際金融の世界では合法的な運用として日常的に行われているのだ。

キーになるのはペーパーマネーとオフショアで、

実はこのことがサブプライム問題の引き金になったＢＮＰパリバ・ショックを発生させ、リーマン・ショックへと繋がっていった。

「サブプライム」とは年収２万５０００ドル（約２７０万円）以下の層を指すが、アメリカにはサブプライム向けの住宅ローンがあった。このローンのおかげで、90年代中盤からアメリカで住宅ブームが起こり、１９９４年には64％だった住宅所有率は、２００４年に69・２％にまで跳ね上がる。

サブプライムローンを使えば、年収１２０万円程度の不法移民でも約８２００万円の住宅を購入することができた。ところがこの家を担保に発行される債券は、実に最大１００倍のレバレッジがかけられ82億円もの額となって運用されるといった、信じがたいことが横行する。

サブプライムローンの債券のように額面だけが巨大に膨れたペーパーマネーは、私が行ったようにオフショアなどに投下され、次の金融機関へと移転し、さらにオフショアに投下され、さらに額面だけを膨張させていった。

しかし、06年ごろからペーパーマネーの原資であるサブプライムローンの延滞から、不良債権化が起こる。

貪欲な銀行はそれでも国際金融を舞台にババ抜きを続け、07年、それに耐えきれなくなったフランスのBNPパリバの傘下金融機関が、投資家の解約を凍結した。こうしてBNPパリバ・ショックが発生し、この影響で翌08年には、リーマン・ブラザーズが経営破綻した。

リーマン・ブラザーズの負債総額は実に約6000億ドル（約64兆円！）となり、現在でも清算業務を行う法人が存在している。

そのジャイアントインパクトは強烈の一言で、モルガン・スタンレーの連鎖破綻も危惧された。そこでゴールドマン・サックスの最高経営責任者から第74代アメリカ財務長官になったヘンリー・ポールソン氏が、当時財務・金融相だった故中川昭一氏に90億ドル（約9500億円）の救済を要請することとなった。中川氏から1兆円に届くほどの融資を依頼された三菱UFJフィナンシャル・グループは、時差の関係でSWIFTを使っても間に合わない時間帯まで迷いに迷った。アメリカ財務省の直接の働きかけもあった結果、小切手を持ってアメリカに飛んだという逸話がある。

サブプライムによるパリバ・ショック、リーマン・ショックと連続した金融危機にあって、世界に比べれば日本への影響が少なかった大きな原因の一つが、日本の金融システムのガラパゴス化にあると私は考えている。

私の手口でも明らかにしたように、現在の金融の世界では額面だけは巨大なSBL／C

やBG、BCなどの証券――ペーパーマネーが連日のように発行されては流通している。ただしそれらは額面が印刷されているだけの子供銀行券とは意味が違う。正規の金融機関のサインが入って、ファンドを作る原資とすることもできる。

愛知の銀行支店とドバイのエミレーツNBDの違いを見れば明らかだが、ガラパゴス化した日本の金融機関では、こうしたペーパーマネーを扱う商習慣がない。金融システムの硬直化が幸いして、ペーパーマネーをベースにした世界規模の金融危機の被害から逃れることができたことは、皮肉な幸運と言えるだろう。

自由な金融からの転換

サブプライム債の額面を膨らまし続けた主犯の一つが、リーマン・ブラザーズをはじめとする「投資銀行」と呼ばれるアメリカの金融機関だ。パリバ・ショックとリーマン・ショック後、その原因となった投資銀行への規制は強化されることになる。

投資銀行の解説をしよう。

物価と失業率は、物価が上昇すれば失業率が下がるというトレード・オフの関係にある。ところが、70年代後半から米英両国は、「失業率が高いのにもかかわらず物価が上昇する」というスタグフレーションに悩まされた。

１９２９年の世界大恐慌の有効的な対処法として機能したケインズ経済学は、第二次世界大戦後の高度成長期も牽引した。ケインズ経済学は政府が需要を創出し民間が供給するという仕組みで、戦後の西側諸国に経済成長をもたらした。

だが、魔法の杖と思われていたケインズ経済学的な手法は、スタグフレーションには効かなかった。その理由は、スタグフレーションが起こる原因が、供給量の不足にあったからだ。そこで供給を阻害する「規制」を緩和する新古典派経済学が、ケインズ経済学を駆逐していった。

新古典派経済学は、「新自由主義」とも言われる。規制緩和を軸にしたイギリスのサッチャリズムや、アメリカのレーガノミクスの成功は新自由主義が世界的に伝播《でんぱ》していく追い風となる。

こうして金融面でも供給量を上げるために、銀行への規制は緩和して自由にすべしという方向の政策がとられるようになる。

この結果、金融主導型社会が到来することとなった。

特にアメリカで台頭したのが、アメリカ政府が法律用語で「投資銀行」（investment bank）と名付けた金融機関だ。しかし投資銀行は「銀行」という名前こそ付いているものの、銀行免許を持たない証券会社の別称で、ファンドとして機能する。

中央銀行制度は、中央銀行が免許を与えた銀行に現金を供給する。そのことで市場の資金量をコントロールし、物価の安定や安定的な経済成長を実現する仕組みだ。

投資銀行が銀行免許を持っていないということは、アメリカの中央銀行に当たるFRB（連邦準備制度理事会）から直接現金を供給されないということだ。それは同時に中央銀行からの監視や規制から解放されていることを意味する。

サブプライムローンの債権が「馬鹿げている」と思うほど膨れ上がったのは、それを運用した投資銀行が、まさに監視や規制から逃れていたためだ。この結果、実体経済の中で金融経済が占める領域はますます拡大していった。そして、投資銀行は繁栄を謳歌することとなる。

ところが二つの巨大金融危機を通じて、額面だけが膨れ上がる金融経済の在り方がいかにリスクの高いものであるかが証明された。金融危機以前は「自由な金融環境こそ、経済発展のダイナモ」と主張して規制を受けいれてこなかった投資銀行は、リーマン・ブラザーズの巨大破綻を見るや一転して、政府からの資金調達を求めるようになった。

こうして投資銀行をはじめとする「自由な金融環境」に対して、中央銀行の監視と規制が強化されることになった。

神の銀行と暗黒街

9・11同時多発テロ後の資金移動規制と、二つの金融危機が起こった結果、思わぬ「福音」がもたらされることとなった。それまでキリスト教圏ではアンタッチャブルとされていた、特殊な金融機関の闇が暴露されることとなったのだ。

それこそが「神の銀行」と言われるバチカン銀行のスキャンダルだ。

元経済ヤクザの私にとっては、「金」に対する欲望を隠そうともしない姿の方がよほど人間らしく思える。だが神の懐で行われた黒い枢密の開示は人々に驚きを与えた。

バチカン銀行は、1942年にそれまでの「宗務委員会」から改組され設立された「宗教事業協会」の別名だ。バチカン市国の統治主体であるローマ教皇庁の運営資金の調達や、資産管理などを行っている。バチカン銀行が本拠地を置くバチカン市国は世界最小の主権国家だ。イタリアのローマ市内にありながら、イタリアの法律が適用されない特殊な場所にあって、バチカン銀行は長く暗黒街の「オフショア銀行」として利用されてきた。

歴史を振り返りながら解説をしよう。

71年、後に大司教となるポール・マルチンクスがバチカン銀行の総裁に就任する。バチカン銀行の資金調達と資金管理は、アンブロシアーノ銀行が行っていた。75年、そのアンブロシアーノ銀行の頭取にロベルト・カルヴィが就任する。

カルヴィは「教皇の銀行家」と呼ばれた。

一方で、イタリアの犯罪組織「マフィア」は「麻薬ビジネス」を軸に、アメリカのマフィアを土台にした犯罪組織「コーザ・ノストラ」と連合体のような関係になっていった。

マフィアとは本質的にはイタリアのシシリア島出身者「シシリアン」で構成された純血の犯罪組織だ。第一次世界大戦後にイタリアからアメリカへの移民が増え、新大陸に渡ったシシリアンたちは、マフィア文化も持ち込んだ。20年のいわゆる禁酒法によって、密造酒という財源を手に入れたマフィアはアメリカ国内で急速に近代化する。拠点となったのが、密造酒の陸揚げ地点であるニューヨークと、内陸地の中継地点であるシカゴだった。米伊の犯罪組織は、大西洋を越えて結び付きを深めていく。

近代化の過程では、林立した小組織間で血で血を洗う抗争が頻発した。その結果、ニューヨークのマフィア組織は純血のシシリアンによって一本化されることとなった。だが31年、ラッキー・ルチアーノが、シシリアンからなるボスを虐殺する「シシリアの晩禱の夜」を起こし、五大ファミリーによる合議制へと作り替えた。

純血ではなく能力こそが組織のトップになる資格となった新たな組織を、ルチアーノは「コーザ・ノストラ」（我らのもの）と呼んだ。ルチアーノの右腕マイヤー・ランスキーがマネーロンダリングを三段階にシステム化したことは前述した通りだ。

33年の禁酒法廃止によって密造酒という財源を失ったコーザ・ノストラは、麻薬ビジネスへと進出。その資本を元手にカジノ、ホテル経営、不動産業へとビジネスを拡大する。「抗争より調和」を選んだことで、コーザ・ノストラの純益は、当時のGM（ゼネラルモーターズ）の年間売り上げより大きい「600億ドルある」と報じられるほどまで成長する。

36年にルチアーノは殺人、酒の密造・密売、恐喝、ミカジメの取り立てなどの容疑で逮捕される。ただし立件できたのは強制売春だけで、ルチアーノ自身「多くの不法行為に関与したが強制売春だけはしていない」と否定したものの収監されることとなった。しかし、39年に勃発した第二次世界大戦がルチアーノにとっての幸運《ラッキー》となる。開戦によって、ドイツによるニューヨーク港の破壊活動が行われたからだ。また移民国家アメリカにおいては、ドイツの反乱分子が国内でテロ活動を行うリスクも生まれた。

そこで米海軍は、ニューヨーク港の防衛や自国内に浸透したドイツのスパイ狩りのために、港湾や繁華街を暴力を使って管理・統制していたマフィアを利用する「暗黒街作戦」を実行した。43年の連合軍によるシシリア島上陸計画「ハスキー作戦」においても、シシリア島のマフィアとの繋がりを持つコーザ・ノストラに島内情報の入手を依頼した。

両作戦ともにコーザ・ノストラの窓口となったルチアーノは、ヨーロッパ戦線終結直後の45年に恩赦により出獄することとなった。だが、国家への功績がありながら、超巨大犯罪組織のボスという矛盾した存在を抱えきれないアメリカは、翌46年、ルチアーノをイタリアへ強制送還する。

ルチアーノがイタリアに移ったことで、ヨーロッパの地下経済の勢力図は激変した。それまでヨーロッパの麻薬は、フランス領インドシナ（現在のベトナム・ラオス・カンボジア）などで採取されたアヘンをマルセイユ（フランス）で精製し、ヨーロッパ中に流通させる「フレンチ・コネクション」を使っていた。しかしルチアーノは地中海のタバコの密売ルートを麻薬に転用し、中東産のアヘンをレバノンから輸出し、シシリア島で精製してヨーロッパと北米大陸へと運ぶ新たなルートを開拓した。

「血の故郷」シシリアと、合理的犯罪ビジネス組織コーザ・ノストラの関係は、巨大利権を生み出す麻薬ビジネスを仲立ちにしてより強固なものとなっていく。

さて「教皇の銀行家」ロベルト・カルヴィには、別の素顔があった。カルヴィこそアメリカ・イタリア両国の犯罪組織の間に立った銀行家だ。カルヴィはマルチンクスと組み、アンブロシアーノ銀行からバチカン銀行を経由することで、アメリカとイタリアの犯罪組織が稼ぎ出す、巨額の黒い金の資金洗浄を行うことに邁進した。

教皇の死

ゴーン氏や私のマネーロンダリングスキームを考えれば、犯罪組織が銀行を所有することがいかに資金洗浄に有利なのかは理解できると思う。黒い金の入出庫を監視するゲートが、犯罪組織の配下にあるのだからこんな便利な金融機関はない。ましてや「神の銀行」には、世界中の信者から寄付が集まる。そのバチカン銀行は、イタリアの法律が適用されないバチカン市国にあるのだ。

しかし78年8月、カソリックにありながら避妊を容認する革新的な思想の持ち主の、ヨハネ・パウロ1世が教皇に就任。神の銀行と犯罪組織の関係清算を表明する。だが、ヨハネ・パウロ1世は志半ばどころか就任からわずか33日で、バチカン内の自室ベッドの上で書類を持って座った状態で遺体となって発見される。

急性心筋梗塞と発表された死因を信じるものはいなかった。

以降、関係者の死は連鎖する。

巨大な障害を取り除いたことでバチカン銀行とアンブロシアーノ銀行による資金洗浄は続き、79年には両者の関係を捜査していた捜査官が銃殺される。

だが、膨れ上がった黒い経済のひずみに耐えきれなくなったアンブロシアーノ銀行は、

10億〜15億ドルに上る使途不明金によって82年に破綻。破綻直前に逃亡した「教皇の銀行家」ロベルト・カルヴィは、ロンドンのブラックフライアーズ橋の橋桁で首つり死体で発見。92年に他殺と断定された。

このバチカン銀行を巡るスキャンダルをベースにして作られた映画が、90年に公開された『ゴッドファーザー　ＰＡＲＴⅢ』だ。

関係者の死によって、再び「触れえざるもの」となったバチカン銀行だが、教皇の死から約30年経った後、ようやく本格的に捜査のメスが入ることになった。

第一のきっかけは、２００１年にアメリカで発生した9・11同時多発テロ事件だ。アメリカが主導する形でテロ対策として国際的に金融規制が強化される中、イタリアでも07年に金融機関の送金情報開示義務を強化する法改正が行われた。その後、バチカン銀行に対する捜査が相次ぐ。

法律の及ばないバチカン市国そのものではなく、イタリア本国を経由している資金ルートを次々と摘発していった。

第二のきっかけがＢＮＰパリバ・ショックとリーマン・ショックという二つの金融危機だ。原因となったサブプライムローンの当事国アメリカは、事態収拾のために天文学的な不良債権が、どの銀行にどのくらいあるのか調査することになった。その過程で、金融のブラックホール、オフショアから「神の黒い金」が露見することとなる。

神の金庫の中身は

アメリカによる国際社会への金融規制強化の働きかけとオフショアの調査が機能したことは、以下のバチカン銀行への摘発の歴史で明らかだろう。

09年にはバチカン銀行がイタリアの銀行ウニクレディトを通じて、受取人を明らかにしないまま1億8000万ユーロ（約203億円）を送金していた疑惑が発覚。イタリア当局が調査を開始することとなった。ウニクレディトはカソリック系の大手金融機関で、慈善団体の名義で複数のオフショア口座が開設されており、それらが利用されたことが明らかになる。

バチカン銀行が長い間、顧客の身元を明かさず、送金を代行していたことも、ようやく公式に露見することとなった。

10年9月にはイタリアの財務警察がバチカン銀行の預金、2300万ユーロ（約26億円）を押収。続いてバチカン銀行がイタリアの銀行クレジト・アルティジャーノに預けていた資金を、ドイツ・フランクフルトの米JPモルガン・チェースなど2行に受取人を明らかにしないまま送金しようとしたことがイタリアの中央銀行によって明らかになる。中央銀行が問い合わせてもバチカン銀行から返答がなかったため、中央銀行は司法当局に報告。この結果、一連の事件で、バチカン銀行の責任者がマネーロンダリングの調査対象となっていることが、発表された。

その10年末にバチカンは不正送金などの防止のために、ようやく財務情報監視局を設置した。しかしそれが機能しなかったことは、12年3月にアメリカが「国際麻薬統制戦略報告書」の「マネーロンダリングに利用される国々のリスト」でバチカンを名指ししたことでも明らかとなった。

その12年4月にはJPモルガン・チェースが、同行ミラノ支店のバチカン銀行の口座を閉鎖する。09年にバチカン銀行が口座を開設したのだが、入金された金額が毎日閉店時に残高がゼロになるという状態が続き、短期間で合計約15億ドルもの金が他の口座に送金されているという異常な状態だった。JPモルガン・チェースがバチカン銀行に問い合わせても返事がなかったため、こうした措置がとられたのだ。

12年には、当時の教皇、ベネディクト16世の机の上から持ち出された私的文書のコピーが流出する。バチカンとリーク（流出）を合わせて「バチリークス」と呼ばれたこの文書によって、バチカン浄化を巡って教皇庁内で泥沼の内部闘争が行われていることなどが明らかになる。そして13年2月、ベネディクト16世が突如教皇の辞任を宣言する。終身制である教皇が、自らの意思で辞任するのは１２９４年以来、７１９年ぶりで史上２人目となった。

「高齢」を理由にした辞任だが、02年から世界中で明らかになった「カソリック教会の性的虐待事件」で加害聖職者を国外移転させる形での隠蔽を行ったことと、相次いだ一連の金融スキャンダルが影響したことは間違いない。だが、そのわずか4ヵ月後にはバチカン銀行を捜査している過程で、「モンシニョール」（名誉高位聖職者）という聖職者のマネーロンダリング計画が、実行前に明るみに出るという救いようのない事件が起こる。スイスから現金２０００万ユーロ（約26億円）を、共犯者２人と一緒に自家用ジェット機でイタリアに密輸しようとして逮捕されたのだ。

世界の暴力地図の中でコーザ・ノストラの勢力は確実に落ちているのだが、バチカン銀行への金融規制強化はその要因の一つとされている。犯罪組織を弱体化させるのは人の摘発より「資金」を締め付ける方が効果的ということは、日本の暴力団弱体化を見ても明らかだ。そのコーザ・ノストラに代わってイタリア最大の犯罪組織に成長したのが、「ンドランゲタ」だ。07年の捜査当局の発表では、イタリアＧＤＰの実に３％を稼ぎ出していることが明らかになっている。

現在、イタリア発のブラックマネーは「神の銀行」ではなく、地中海を渡ってキプロスやトルコを経由した資金洗浄ルートへと変化していることが地下経済で観測されている。

黒い金を巡る闘争は、登場人物と舞台を替えてなお継続中ということだ。

国家戦略に利用されたマネーロンダリング

国際金融の中で麻薬、売春、ポルノ、武器の不正売買などで得られた「黒い金」を浄銭する金融機関へと堕していった「神の銀行」。その防壁となったのは、神と暗黒街という「触れえざる防波堤」だった。

その強固な壁を突破したのは、米軍という世界最大の暴力と、ドルという基軸通貨の両方を所有するアメリカだ。

だが一連の流れからアメリカが世界の正義のために、犯罪資金のマネーロンダリングを規制していると理解しているならば、それは大きな誤解だ。考えなければならないのは、なぜ9・11が起こるまでアメリカが今日のようなAML／CFT（マネーロンダリング対策とテロ資金供与対策）を行ってこなかったのかという点だろう。89年のアルシュ・サミットから、現在行っているレベルの厳しい規制と監視を実行していれば9・11は未然に防ぐこともできたはずだ。

なぜアメリカはそうしなかったのか——。

その理由はアメリカ自身が、自国の国家戦略としてAML／CFTを行ってきたからに他ならない。歴史の中には突如として、超大国が犯罪組織を使ってマネーロンダリングを行ったスキャンダルが露呈することがある。

その一つが「イラン・コントラ・ゲート事件」だ。

麻薬と武器、そしてドルという三つの暴力経済の象徴が巨大なスケールで交換されたこの事件に利用された銀行が、BCCI（Bank of Credit and Commerce International＝国際商業信用銀行）だ。

まずは、爆心地BCCIの解説から始めたい。

預金とは銀行に対して預金者が貸した金だ。そして銀行は借りた（預かった）金を元手に収益を上げ、預金者に利息を還元する。高い利息を支払う銀行には、より多くの預金が集まるのだから、収益増加は銀行業務の義務となる。

一方で麻薬や武器は基本的に非合法ということで、世界中いたるところで販売しても莫大な収益を上げるアイテムだ。しかもこうしたアイテムは決済額が大きい上に、「エイ」と売ったら「ヤーッ」で現金が入ってくる超優良商品だ。

「この取引のメインバンクになりたい」というのが、利益を追求する銀行の本音だ。しかし金融機関に禁断の果実を食べることを思いとどまらせているのが、法規制だ。逆に言えば、そうした果実を食べることを厭《いと》わない銀行が見つかれば、莫大な犯罪収益はその銀行に集中することになる。

80年代の国際金融にあって、寡占的に地下経済の受け皿になっていたのがBCCIだ。国家とも付き合っていたのだからその額も桁違いと言えるだろう。

BCCIの創業者はパキスタンの銀行家、ハッサン・アベディ。ハッサンは、パキスタンが独立する前年の1946年、現在同国最大の資本規模を持つ多国籍銀行ハビブ銀行からキャリアをスタートする。

59年には、最大都市カラチでユナイテッド銀行を創立。当時急速に拡大したペルシャ湾の石油ビジネスに乗り、パキスタンとUAE（アラブ首長国連邦）との間に立ってユナイテッド銀行をパキスタンで2番目の銀行に育て上げた。

だが72年にパキスタンで銀行業務が国有化されると、ハッサンは国外へと向かう。ユナイテッド銀行で築き上げた人脈を使いUAE初代大統領、ザーイドから巨額の出資を取り付け、バンク・オブ・アメリカを大株主にして同年にBCCIを設立した。

BCCIを登記した場所は、ヨーロッパでも有数の金融立国となっていたルクセンブルク。そして金融の聖地、シティ・オブ・ロンドンに本店を置いた。

ヨーロッパの金融自由区を拠点にしたBCCIは、70年代に起こった2度のオイルショックによって高騰した原油の追い風に乗り、巨額のオイルマネーの受け皿となる。そしてアフリカや中国など当時の発展途上国への投資で莫大な利益を得た。しかし、80年代初頭に北海やアラスカなど非ＯＰＥＣ国での油田開発が行われ生産が拡大。80年代中盤からは、「逆オイルショック」と呼ばれる石油価格急落が起こり経営状況は悪化した。

CIA、コーザ・ノストラ、ムジャヒディンを結ぶ

そこでＢＣＣＩは犯罪収益のマネーロンダリングや、武器密輸、麻薬取引への関与などの地下資本を扱う「メインバンク」へと収益構造を転換する。その最大の顧客こそＣＩＡ（アメリカの中央情報局）だ。きっかけは79年から行われた、ソ連によるアフガニスタン侵攻だったとされる。

アメリカとしては石油生産地、中東でのソ連の影響力をどうにか抑えたい。一方で、ベトナム戦争の影響で生まれた厭戦感から、武力介入を行って超大国同士が戦争をする構図にはできない国内事情があった。

この二つの相反する事態を打開するために使われたのが、ソ連の敵対勢力であるイスラム武装勢力「ムジャヒディン」に対して武器や資金を提供する間接支援だ。こうしてＣＩＡが中心となって「サイクロン作戦」が展開されることとなった。

ところでモルヒネやヘロインなどの麻薬は、ケシの実の果汁を乾燥させたアヘンを精製して生産される。アフガニスタンはケシの栽培に優れた土地で、この時、ムジャヒディン側はケシを大量に栽培してソ連との戦費に充てた。

いくらCIAとはいえ、国家機関が麻薬を直接扱うことはできない。そこで窓口として利用したのが第二次大戦末期の「暗黒街作戦」で作り上げられた、政府組織とコーザ・ノストラとの関係だった。CIAはコーザ・ノストラにムジャヒディンが作り出す麻薬の原料を買い取らせ、ムジャヒディンに武器とドルを提供する構図を作り出す。

山岳地帯を中心にソ連軍を苦しめたムジャヒディンの最大の敵は、当時のソ連の最新鋭攻撃ヘリ「Mi-24」、ハインドだった。そこでアメリカは86年以降、当時最新鋭で輸出を行っていなかった携帯型地対空ミサイル「スティンガー」をムジャヒディンに供給。ハインドを次々と駆逐していった。

こうした厚遇の結果、80年に数億ドルだったアメリカからの資金提供は、87年から63億ドルに跳ね上がる。

CIA、コーザ・ノストラ、ムジャヒディン——麻薬と武器とドルという黒い三角貿易の真ん中にいた金融機関こそBCCIだ。BCCIは武器と麻薬の取引によって生み出された巨額の「黒い金」の受け皿となり、洗浄することで莫大な利益を上げることとなった。またイギリスやアメリカの政治家への献金を行うことで、発覚を逃れていた。

イラン・コントラ・ゲート事件

ソ連がアフガニスタンに侵攻した79年は、アメリカの国際戦略にとって悩ましい年となった。その79年にはイランでホメイニ師によるイラン革命が起こる。革命以前のイランは親米国家で、アメリカが当時の最新鋭戦闘機F－14を供給するほど蜜月の関係だった。しかし革命をきっかけにその関係は逆転、アメリカは武器輸出を禁止する。

革命の起こった79年には、イランアメリカ大使館人質事件が起こる。アメリカは軍を使って救出作戦を展開するが、砂漠用ではないヘリコプターを使うなどお粗末な対応で失敗。やはりイランに大使館を占拠されていたイギリスは自国の軍事オペレーションで人質を解放したことも手伝って、当時大統領だったジミー・カーターの支持率は急落する。

そして80年、イラン・イラク戦争が開戦、しかしイランは劣勢に立たされる。

革命直後ということで、イラン軍の装備の大部分はそれまで使用していたアメリカ製だった。戦争には武器の補充が必要だ。使い慣れた武器に対する練度の問題もある。アメリカの武器入手はイランにとって喫緊の課題になった。

そこで暗躍したのがイラン・イラク両国の疲弊を狙ったイスラエルだ。イスラエルは、自国を通じてアメリカ製の武器をイランに密輸し始める。当時のイランの総武器輸入額の実に約半分が、イスラエルからのものという大規模な取引だ。本来イスラエルによる自国製武器輸出を咎《とが》めるべき立場のアメリカは、人質解放の条件として、イスラエルによる密輸を黙認。こうして間接貿易が成立した。

そして81年にレーガン政権が誕生する。

レーガンが大統領に就任した当日にイランが人質を解放したことから、レーガン政権とイランの間に裏取引があったとされた。その推測が、確信になったのが、「イラン・コントラ・ゲート事件」だ。

85年、内戦中だったレバノンで活動をしていた米軍兵士らアメリカ人が、親イランの過激派組織「ヒズボラ」に拘束され人質となる。そこでアメリカはヒズボラの後ろ盾であるイランと秘密裏に交渉を進めた。そして同年12月、レーガンが人質解放の代わりに、イランへの直接的な武器密輸を承認する。

こうして人質は解放されたものの、当時イランと敵対するイラクとアメリカは親密な関係にあり、この裏切りの発覚は外交問題に繋がるリスクがあった。

だが、事態はここで終わらない。

中東から遠く離れた「アメリカの裏庭」と呼ばれる中米のニカラグアでも79年に革命が

起こり、共産主義政権であるサンディニスタ政権が樹立した。「強いアメリカ」を掲げたレーガン政権にとって、中米の赤化を看過することはできない。そこでレーガン政権はニカラグアの対共産ゲリラ「コントラ」に、武器、資金などを送る間接支援を行うようになる。コントラへの支援は政府転覆運動という暴力的内政干渉ということで国際犯罪を問われても仕方がないほどの行為だ。

確認されているだけで85年夏から86年の秋にかけてイスラエルを経由した間接取引と直接的な武器密輸によって得た利益の一部が、「コントラへの支援資金」という形でニカラグアの赤化対策に流用された。

コントラはムジャヒディン同様に戦費として麻薬を使った。もっともこちらはヘロインではなく、南米で多く栽培されているコカの葉を原料にしたコカインだった。扱う麻薬こそ違うが、この時、米情報機関の出先機関となったのはやはりコーザ・ノストラだった。この「イラン・コントラ・ゲート事件」において、利用されたメインバンクがＢＣＣＩであったことは言うまでもない。

ニューヨークの麻薬市場に、煙草で吸飲できるように加工した強力なコカイン製剤「クラック」が登場したのが、85年11月であるのだから、武器と麻薬はこの時期に交換されていたということになる。

アメリカ政府とコントラの窓口となったのは、元ＣＩＡ長官でレーガン政権下では副大統領として「麻薬対策」を主導していたジョージ・Ｈ・Ｗ・ブッシュとされている。議会で追及されたものの、真相はいまだ明らかになっていない。

この時にコントラに武器を運んだパイロット「バリー・シール」は、デニス・ホッパー（『裏切りの代償』）、マイケル・パレ（『潜入者』）、トム・クルーズ（『バリー・シール／アメリカをはめた男』）が演じ映画化されている。当のバリー・シールは、その後、コロンビアの麻薬カルテルの麻薬を密輸する仕事をするようになり、86年にルイジアナ州バトンルージュで、カルテルの送り込んだシカリオ（殺し屋）により暗殺されている。

また「イラン・コントラ・ゲート事件」では、70年代から80年代にかけてアメリカのパートナーとして暗躍した武器商人、アドナン・カショギがＢＣＣＩから資金調達を行っている。97年にイギリスの元皇太子妃、ダイアナが自動車事故によって死亡するが、その時、同乗していた恋人ドディ・アルファイドはカショギの甥に当たる。このことが、ダイアナ暗殺説が消えない理由の一つとなっている。

ＢＣＣＩの破綻

イランと中米の地でも行われた黒い三角貿易は、86年11月にベイルートのシリア系新聞

「アルシアラ」が、イラン高官筋情報として「米国が密かに武器をイランに販売した」と報道したのをきっかけに暴露されることとなった。

　政権と情報機関が関与したスキャンダルであるにもかかわらず「責任者」とされたのは、レーガンでもブッシュでもなく、海兵隊中佐で当時ＮＳＣ（国家安全保障会議）に所属していたオリバー・ノース氏だった。88年にノース氏は16の重罪で起訴され、89年に三つの罪状で有罪となるも、90年に有罪判決が覆される。

　２０１８年5月、アメリカ大統領、ドナルド・トランプ氏の巨大な支持母体である「全米ライフル協会」の新会長に、オリバー・ノース氏が就任することが発表されたことは余談ではあるものの、あえて付言をしたい事実だ。

　ソ連のアフガニスタン侵攻にからめてムジャヒディンを支援したアメリカだが、この時のムジャヒディンの中にいたのが、後に9・11を起こすウサマ・ビン・ラディンだった。

　80年代の国際舞台で地下経済の拠点地となったＢＣＣＩは、リベリアの独裁者であるサミュエル・ドウ、イラクのサダム・フセイン、パナマのマヌエル・ノリエガなどの裏金の洗浄も行っていたとされている。

　ビン・ラディンも顧客の一人だ。自国の思惑で中東をかき乱す、アメリカの「パワーロンダリング」が自国に厄災をもたらすことになった結果は皮肉としか言いようがない。

アメリカにとって利用価値のあったＢＣＣＩの不正は長く放置されることになった。だが、ついに愛用者の一人であるアメリカが清算を開始することとなる。91年にアメリカ司法側などの圧力によってイングランド銀行がＢＣＣＩに業務停止を命じ、ＢＣＣＩは経営破綻した。

その後の調査で、ＢＣＣＩの使途不明金は１００億ドル（現在のレートで約１兆円）にも上ることが明らかになったが、あまりのスキャンダルの大きさに報告書の全文はいまだ機密扱いになっている。

第6章

金融閉鎖列島を脱出したブラックマネー

日本発国外マネーロンダリング——旧五菱会事件

ここまでヨーロッパとアメリカの事例を使ってマネーロンダリングを解説してきた。

日本においてもっとも有名なマネーロンダリング事件が、２００３年に「ヤミ金の帝王」と呼ばれる門川旬（仮名・事件当時53歳）の逮捕によって明らかになった、五代目山口組の直参組織「五菱会」が関与した「旧五菱会事件」だ。

「五菱会」は門川逮捕の同年に解散したことから「旧五菱会」となっている。また、逮捕された関係者はすでに刑法上の罪を清算していることから仮名とした。

莫大な収益を上げたヤミ金グループが「旧五菱会」に収益を上納、収益の一部を香港経由でシンガポールやスイスに移転させ、資金洗浄を行った。国外を舞台にしたマネーロンダリングを巡って、金融庁が初めて関与した金融機関を処分することとなった歴史的な事件である。

国内報道ではヤミ金に苦しむ被害者を救うため警察が捜査を進めたところ、マネーロンダリングが明らかになったことになっている。だが黒い経済界のニュースでは「はじめに被害者ありき」ではなく、「はじめにアメリカありき」というストーリーが定説だ。

まずは、このヤミ金グループの収益構造の解説をしよう。

ヤミ金グループはピラミッド型の組織構造を形成した。門川の直下には、門川のイニシャルをもじった「ＳＫＨＤ」（ＨＤ＝ホールディングス）という組織が作られた。「ＳＫＨＤ」に所属する各幹部は「ＴＯ」「ＯＫ」「ＶＶ」「ＡＲオフィス」などと名付けられたグループを持ち、グループの数は最大で27にも上った。多重債務者リストを入手して、全国の多重債務者にダイレクトメールなどを送り、無担保での融資を勧誘する手口だ。門川は、当時ヤミ金業者間で「門川七人衆」と呼ばれた幹部を競わせる形で莫大な収益を上げていた。

逮捕された「ＯＫ」グループ社長の供述によれば、グループの構成は以下のようになっている。

「ＯＫ」グループでは社長の下に副グループ長を１人、その下に計４人のブロック長を配置していた。各ブロック長は「ドカントサポート」「三都信販」などと名付けられた店舗を数ヵ所ずつ取りまとめながら、債務者の返済期日や貸付額を集中して管理する「センター」と呼ぶ事務所の運営を行っていた。

元々多重債務者だった顧客の多くが返済能力に乏しいのは当然で、返済日が近づくとセンターから連絡を受けた別のグループが借金を持ちかけ、顧客の債務を膨らませていった。こうして借金を膨れ上がらせる手法は門川の考案によるもので、後に「システム金融」と呼ばれるようになる。

店舗はマンションの一室に設けられ、数人の従業員が勤務していた。「ＯＫ」グループでは、都内だけで最大時に30ヵ所もの店舗と約１００人もの従業員がいた。

従業員を雇う際には、「金を扱う仕事なのでギャンブル好きはダメ」「未成年者は雇わない」「女性は警察の捜査に口を割るので雇わない」という厳格な雇用規則が設けられた。「ＯＫ」グループでの報酬は月給制で、店舗の責任者クラスで40万円プラス利益の10％、従業員で20万〜35万円なのだから、かなりの優良企業だったということだ。

守秘についても規則が決まっており、営業実態についての情報が外部に漏れるのを防ぐため、貸し出しも返済もすべて銀行口座の直接振り込みにして、実際に顔を合わせないような対策が取られた。また、グループ内で電話連絡する際には、「バナナ」「たばこ」といった合言葉を最初に言うように決めていたとされる。しかも毎朝、その日の合言葉を新たに決め、各店舗の責任者がブロック長を通じて合言葉を知らされるという徹底したものだった。

各店舗にはノルマが設けられていて、純益が月１００万円以下の拠点は閉鎖。売り上げの悪い拠点は「ダイレクトメールをもっと送れ」などと叱咤された。各責任者は毎月25日、来月の自主目標を決めるよう義務付けられ、売上金は5日ごとにブロック長を通じてグループ社長に届けられていた。

形成されたヤミ金グループは、全国で最大約１０００の店舗数を持つ巨大な組織となった。捜査によって一店舗あたりの年間平均売り上げは3億円と判明。グループ全体で約１４００億円も稼いだとされているが、被害総額ははっきりしていない。組織が枝分かれしていたこと、相互に顧客に金を貸していたこと、また顧客が元々多重債務者だったことから、被害者本人が門川系列のグループから借りたのか、他のヤミ金業者から借りたのかがわからなかったことが原因だ。

02年10月に、それまで五代目山口組系の三次団体だった「陣内組」が、「五菱会」となり直参となる。五代目体制下では異例とも言える昇格だ。その「五菱会」は「五代目山口組」の「五」と山口組の代紋「山菱」を合わせて、渡邉芳則組長自ら「五菱会」と命名したとされる。

押収した資料からは門川グループの莫大な利益の実に7～8割が、グループ責任者を通じて旧五菱会へと上納されたことが明らかになった。「五菱会」の昇格と、寵愛《ちょうあい》の理由はここにあるのではと報じられた。

五代目山口組とアメリカ

ここまで門川のヤミ金グループについて、金の「入り」の部分を整理した。次に「ヤミ金の帝王」自身とアメリカの関係について解説をしたい。

バブル崩壊による国内景気の冷え込みと、１９９２年に施行された「暴対法」から始まる暴力団規制によって、90年代中盤を過ぎると国内での投資先を失った「ヤクザマネー」が、海外へと向かったことは前述した通りだ。

かつての国際電話での通話には、ワンテンポ以上のラグが生まれたことを記憶している人も多いだろう。金融市場はデジタルに移行していく時期になっていたが、電話同様に取引の速度は市場からの物理的な距離が近い方が有利という状況も生まれていた。先物、株などニューヨークこそアメリカの市場の本拠地ということで、アメリカに渡航することができる、名前が表に出ていない経済ヤクザやフロントの中には、ニューヨークに事務所を新設する者も出始めていた。

アメリカは「ヤクザマネー」が自国通貨であるドルに交換されて暗躍するのを苦々しく思いながらも、強い規制をかけずにいた。自分の縄張りに事務所を構え税金というカスリ（上納金や上前を意味するヤクザ用語）を払っていたからだ。

門川もその一人だったことが、捜査の過程で明らかになっている。

門川がマネーロンダリングに利用したのはカジノだった。「MGMリゾーツ・インターナショナル」はラスベガスに本拠地を置く、世界最大クラスの統合型リゾート運営会社だ。その象徴こそが「世界最大のカジノ」を謳うラスベガスの有名カジノホテル「MGMグランド・ホテル・アンド・カジノ」だが、門川はバブル崩壊直後くらいから、しばしばここを訪れていた。

高額の賭け金をカジノで使う客は「ハイローラー」と呼ばれる。そうした客をカジノホテル側はVIP待遇するのだが、ハイローラーでも最上級の客は、大量にエサを食べる保護動物「鯨」に譬えて「WHALE」（ホエール＝鯨）と呼ばれる。門川も「WHALE」の一人として、ディーラーをVIP専用の特別個室に呼びギャンブルを楽しんでいた。

またカジノの中にはチップに交換するために、あらかじめデポジット（保証金）をカジノ内の口座に入金することを必要とする施設がある。門川が愛用した「MGMグランド・ホテル・アンド・カジノ」もその一つだが、その関連企業は東京都内の都市銀行本店に貸金庫を借りていて、日本でデポジットできるサービスが用意されている。これを利用すればSWIFTを使わなくても、アメリカに資金を移転することができるということだ。

事件後には門川がこの貸金庫に200万ドル（約2億1600万円）を預けていたことが

明らかになったが、以前からアメリカ本土の貸金庫では入出金を頻繁に繰り返していた。

カジノがマネーロンダリングのツールであることは前述した通りだ。ラスベガスのあるネバダ州では、一人が24時間以内に1万ドル超の資金を移転させた場合、カジノ側がアメリカ財務省の経済犯罪ネットワークへ報告することを義務付けていた。入出金が頻繁なことと、多額のデポジットにもかかわらず、一回の賭け金がそれほど多くなかったことなどから、門川は現地捜査当局に「怪しい人物」としてマークされていた。

そして2001年に9・11同時多発テロ事件が起こる。

カジノで洗浄された資金がテロ組織に流れている疑惑が浮上したことから、FBI、DHS（United States Department of Homeland Security＝アメリカ合衆国国土安全保障省）、ネバダ州賭博規制委員会などが、カジノでやり取りされる資金の流れを血眼で探し始める。そして2002年春ごろ、このアメリカ最精鋭の捜査機関のチェックによって、門川の存在が国家問題として浮かび上がる。カジノ内の口座ばかりか、ロサンゼルスの「ユニオン・バンク・オブ・カリフォルニア」に作られた口座に頻繁に入出金していたことも明らかになった。

ヤクザ組織は自らを「任侠道を追求する任意団体」と主張するが、アメリカ側はテロ組織という認識だ。門川のことを知った〝アメリカ様〟が、「お前のところの犯罪組織の人間が、うちのカジノ使ってロンダリングしてるじゃねーか！　どうすんだコノヤロー！」

と日本側に怒鳴り込み、慌てて警察庁主導で捜査に着手したというのが地下経済の定説だ。

実際に、門川の名前がアメリカ側で「国家問題」として把握されたのとほぼ同時期に、警察庁が主導する形で門川のヤミ金グループへの内偵が始まる。02年11月には関連先の家宅捜索や摘発が行われ、米ドルの他に、割引金融債が発見されることとなった。

香港経由で資産を逃避

現在では知らない人も多いと思うので、この「割引金融債」について解説したい。

日本興業銀行（現・みずほフィナンシャルグループ）は、１９０２年に設立された半官半民の特殊銀行だった。戦前、日本興業銀行は預かった金を銀行が運用し、利益を合わせて預金者に返すという信託業務に進出しようとした。ところがその際に、民間信託を圧迫するとの批判が起こる。そこで日本興業銀行は短期資金の獲得を目的に金融債の発行を開始した。

戦後になっても定期預金に最長3年の制限があったことや、1990年まで銀行には社債発行が認められていなかったことなどから、金融債は一部銀行が長期資金を獲得するための資金調達法だった。中でも一部の債券は無記名で購入することができた。巨額の現金を物理的に圧縮し隠すことや運ぶことが容易になるということで、脱税のための資産隠しなどに使われた。

現在では、購入時に身分証明書の提示が義務付けられ、ペーパーレス化（＝電子化）により購入や譲渡先などが記録されるようになったので、金融債を資産隠しにも利用することは難しい。

割引金融債は金融債の一つで、利息を割り引いた額で販売され満期時に額面の金額を受け取る債券だ。日本興業銀行の「ワリコー」、日本長期信用銀行（現・新生銀行）の「ワリチョー」、日本債券信用銀行（現・あおぞら銀行）の「ワリシン」など、ある年代以上の人は記憶にあるのではないだろうか。

門川は傘下グループに、当時無記名だった割引金融債に儲けた金を転換させ現金を圧縮していた。また一部の売上金はドルに両替させ、毎月1回、1店舗あたり約1万ドルを持参するように求めていた。

アメリカ側に狙われているということを知らない門川は、警察の押収から逃れるために、資金を海外に移転し始める。摘発開始の翌２００３年１月に、東京の有楽町のオフィスビル６階にあった「ＳＫＨＤ」の事務所で、

「とりあえず10億円を預けたい」

と、クレディ・スイス香港の担当者に切り出した。クレディ・スイス香港は、一般の銀行とは違って富裕層の資産管理を主な業務とするプライベートバンクだった。金の元手が犯罪収益であることを隠しながら、

「割引金融債を換金してスイスに送金したい」

と申し出た門川だが、「名前は出したくない」「送金時に秘密は守れるのか」としつこく確認をした。担当者が繰り返す「クレディ・スイスは歴史が古く、顧客の保護は徹底しています」という説明に納得して犯罪資金移転に向けた活動をスタートさせる。

香港経由のマネーロンダリング

購入した10億円分の割引金融債を証券代行会社に持ち込み、換金。クレディ・スイス銀行の在日拠点が１９９９年に金融監督庁から銀行免許停止の処分を受けていたので、入金先はクレディ・スイス香港の業務委託先となっていたイギリス「スタンダードチャータード銀行」となった。約２週間、計３回この作業を繰り返し、門川は約46億円を入金した。

担当者と共に香港に渡った門川は、03年2月14日にクレディ・スイス香港に自分名義の口座を作る。口座番号は「10150」。その1週間後の21日には、スイスのチューリッヒにあるクレディ・スイス本店に本人名義と無記名口座を作り準備を整えた。

こうして3月5、6日の2日間でスタンダードチャータード銀行は、クレディ・スイス香港による合計約4万枚の送金指示書に従って送金を行う。しかし、指示書に門川も含めた個人の名前は一切記載されておらず、「10150」という、門川の口座番号だけが記載されていた。

香港の口座には門川の別の預金約5億円が入金され、計約51億円となった。またグループ幹部などの関係者もクレディ・スイス香港に個人名で口座を作り、門川と同様の手法で計約43億円を入金した。

門川ルート、幹部ルートを合わせてヤミ金グループは計約94億円もの現金を香港にプールしたということだ。また、前述したマネーロンダリングの三段階でまとめれば、犯罪収益は割引金融債にプレイスメントされ、証券代行業者でレイヤーリングされ、換金によってインテグレーション。その後香港の金融機関にプレイスメントされたということになる。

香港にプールされた現金のうち、門川ルートによる計約51億円は13回に分けてスイスに送金された。ただし、現金でのストレート送金は3回分、計約11億円だけ。残りの10回分計約40億円については、ユーロやドルの外貨建て社債や、株券など約十数種類の有価証券に交換されスイスに送られた。

第5章の「私のロンダリング」を読んだ方なら、この意味が理解できるだろう。最終地点であるスイス本店の門川の口座には約51億円の残高があった。為替レートや、手数料などを考えても、実に見事な資金移転が行われていたということだ。

門川ルートはスイスに、幹部ルートは香港に、日本から海外への資金移転は7月までに終了したが、8月5日、幹部の一人が逮捕される。同時に指名手配された門川は、11日に警視庁に出頭して逮捕されることとなった。資金移転終了を待ったかのような逮捕劇こそ、アメリカがヤミ金グループの資金移転を監視していた証拠だと私は考えている。静かに動きを見守って金の動きが落ち着いた時に、一気に収奪へと動くのは、私が600億円を銀行ごと凍結された時と同じだからだ。

アメリカの捜査関与の詳細が報じられることはなかったが、SWIFTをこじ開けた世界唯一の国の監視がなければこのタイミングは説明がつかない。

そしてその後の展開は、アメリカの関与を確信させるものだった。

幹部ルートで入金された計約43億円は、門川や幹部の逮捕後もクレディ・スイス香港に置かれた。捜査の進展に怯《おび》えた門川の知人で資金移転に関係した人物が、03年11月に幹部ルートの金を現金や債券、有価証券などスイスに送られたのと同様の形でシンガポールに移転する。

一方でクレディ・スイス本店に移転された約51億円は、03年12月にスイス警察によって凍結されることとなった。スイス銀行法に基づいて運営される銀行は、中世以来、顧客の秘密を守る金融機関だ。このため富裕層の脱税や、独裁者や犯罪者の蓄財先として利用されてきた。しかし9・11をきっかけに、アメリカの金融監視の対象となり、顧客情報を開示する方向へ向かうことになる。このような方針転換の背景には、アメリカによる「従わないならドルを引き上げる」という脅し文句が使われるのが、国際金融の常識だ。基軸通貨を扱えなくなることは、金融機関の生命を奪うことだから、これほど効果的な暴力的要請はない。

「幹部ルート」については、ヤミ金グループ逮捕後であるにもかかわらず、無事にシンガポールに移転できている。一方で、門川の金はこのように凍結されることになった。

つまりアメリカは「門川」ただ一人を狙っていたということが合理的に導き出せるだろう。

ゴーン氏の捜査においてアメリカの登場が決定的と私が主張する根拠は、このヤミ金事件に対するアメリカの関与にあることは言うまでもない。

凍結された約51億円は、スイス銀行法によって半額が日本に返還されることとなった。ロサンゼルスの「ユニオン・バンク・オブ・カリフォルニア」に預金されていた計約59万ドル（約7000万円）は、アメリカ政府によって没収されることとなる。

一方で、アメリカの監視下にはなかったシンガポールに移転した金の行方は、最後までわかっていない。

日本国内の貸金庫に預けていたカジノ関連の金は「MGMリゾーツ・インターナショナル」以外にもあることが捜査の過程で発覚した。計約400万ドル（約4億3200万円）のUSドルのうち、約200万ドル（約2億1600万円）は警視庁によって03年11月に押収されたものの、残る約200万ドルは門川の逮捕後何者かによって引き出され、不明の状態となっている。アメリカが02年から門川をマークしていたことがようやく報じられたのは、この押収劇の時だった。04年、イギリスのスタンダードチャータード銀行に対して金融庁が行政処分を下したが、同庁が海外を巡るマネーロンダリングで金融機関を処分するのは史上初の出来事である。

だが警察に集められた金のすべてが、全被害者に返還されることはなかった。前述したように、債務者自身が門川グループの被害者であるかどうか証明するどころか、自覚することさえできなかったためだ。

最後まで「はじめ」にあったのは被害者ではなく、アメリカということだ。

改めて問われた銀行の在り方

マネーロンダリングにおいては、出発点、中継地点とあらゆるところに銀行が登場する。ゴーン氏の事件での新生銀行の役割を考えれば、改めて金融機関の在り方も問われなければならないだろう。

金融は経済の血液や潤滑油と呼ばれるが、マネーの流れの重要なポジションに位置するのが銀行だ。法令の遵守と、健全なマネーリテラシーを求められるがゆえに、銀行業を行うためには、金融庁の免許が必要となる。

一方でサブプライム問題でも明らかなように、金融機関には世界経済が混乱するリスクもお構いなしに利益の追求を行う顔がある。ガラパゴスで硬直化した金融環境の日本にあって、突如として現れた国際標準の銀行があった。

まずは私が直接触れた、日本の銀行の黒い素顔を明らかにしよう。

91年にバブルが崩壊したことによって、私も含めた投資顧問会社の社員が借金に追われることになったのは前述した通りだ。当時、銀行は、ありとあらゆる手を使って帳尻を合わせにいった。株の評価額のつり上げもその一つだ。1億円の評価額の自社株を担保に、2億円借りている企業があるとする。この局面では不良債権となるはずだが、1億円の評価額の株を3億円で買う客を探してきて買わせるのだ。

「1億円の評価額の株を3億円で買う客がどこにいるのか」と思う人が大半だろう。それは、同じく不良債権を抱えた企業や人間だ。

「この取引をしてくれれば、あなたの負債は別なところで帳消しにするから」

「抱えて倒産してしまえば負債はゼロになるでしょ」

両者をマッチングさせるための殺し文句はいくらでもあった。担保が必要になる時は、地方の無価値な原野の評価額を無理矢理上げる荒技も横行した。そして、銀行はそうした客を自分たちで探してくるのではなく、私たちに探してこさせるのだ。

困窮している私たちにとって、「手数料」というわずかな金を前に、首を横に振る選択肢はなかった。非合法な粉飾決算に直接手を染めたくない銀行にとって、私たちは便利な道具だったという図式だ。そして、そうした獲物を紹介してくれるのは、やはり借金まみれになった弁護士や会計士、時には銀行から「どうにかして欲しい」と相談されることもあった。

その客が契約をして3億円の売買契約を成立させると、帳簿上は株価の売値が3億円となって、銀行は1億円儲かったことになる。もちろん当該の銀行の帳簿があったとしても、不良債権は別な金融機関へと移転するに過ぎない。そうした負債は、同様の処理が行われ、膨れ上がりながら移転を繰り返していったのだが……。バブル崩壊という「戦時」には、数千億円単位の粉飾が平然と行われていたことはご承知の通り。

私たちの「小銭」が問題とされることはなかった。

この時期の自身の負債処理が原因で、私は暴力団員となる。

シティバンクの黒い伝説

暴力団の経済活動で愛用される金融機関はコンプライアンスが低く、黒いマネーリテラシーを黙認してくれるところだ。その代表が2007年に開業したシティバンクだった。中でも赤坂支店と神戸支店は、黒い経済活動の旗艦店となっていって、現役時代の私もその利用者の一人だった。

シティバンクは、取引金額に応じて客をランク付けして管理をしていた。0円で口座を開設して、すぐに1000万円単位で預金をする黒い経済人たちは、当然、富裕層として銀行側から丁重に扱われていた。本人確認についても少なくとも私たち富裕層に限っては、顔写真の付いていない保険証を提示しても問題とされなかった。

開業してすぐにシティバンクに口座を作った私は、7000万円のキャッシュを持って窓口を訪れた。キャッシュの背景は、もちろん真っ黒だ。9・11アメリカ同時多発テロ事件の影響で、すでに犯罪資金のマネーロンダリングは国際的な課題となっていて、当時、窓口で200万円を超える現金を預ける時には、金融庁への報告義務があった。だが、私がシティバンクの窓口で「7000万円を口座に入れたい」と告げると、音もなく行員が寄ってきて「こちらへどうぞ」と別な場所に案内されるのだ。

そこにあるのは、すでにガードマンが待機している銀行内にあるATM（現金自動預払機）。すると行員はこう説明した。

「機械なら報告義務はありませんので」

一回に預け入れができる限度額は200万円ということで、私は持参した札束をバラして、せっせと機械の投入口に突っ込む作業を行うこととなった。

当然、機械自体の収容能力には限界があるのだが、機械が「お腹いっぱい」のサインを出したその瞬間、行員はATMを開けて現金を回収して奥へと運んでいった。その無駄のない、なめらかな一挙手一投足は、この種の作業への習熟の表れだ。こうして7000万円は35回に分けて、金融庁に報告されることなく無事に口座に収められることとなった。

以降、私の顔を見ると、行員は手招きをして丁重にATMへと案内するようになる。

顧客とマネーの出自に「白黒」で色分けしなかった、日本国内唯一の国際標準の金融機関シティバンクは、国内中堅銀行と同程度の4兆円の預金量を持つようになった。一方、その非差別的博愛主義によって、09年と11年に2回も金融庁から一部業務の停止命令を受けている。前身である、エヌ・エイ在日支店時代も含めると、2000年代に入って実に3度もの業務停止命令を受けるという記録を打ち立てながら、14年、シティバンクは国内個人業務から撤退、譲渡を経て18年に解散した。

黒い経済人を厚遇しながら、これだけ長期間銀行業が維持できたことに私は新鮮な驚きを覚えたものだったが。

ブラックカードの素顔

この世界は、清らかな視点だけではわからないことが多くある。ゴーン氏の事件は、黒い視点による、より多層的なマネーの世界の解釈のきっかけを与えてくれているのかもしれない。

その一つとしてクレジットカードの話をしたい。それは多くの人が「富」の象徴としている、黒いカードについてだ。

18年11月、ダイナースカードがWeb広告で炎上した事件があった。自称・美人秘書が、「通販サイトのカード」や「カメラ屋さんのカード」をこき下ろした件だ。だが実際のところ、クレジットカードは、所有者の富を表すアイコンとなっている。特にアメックス（アメリカン・エキスプレス）のセンチュリオン・カード（年会費35万円＋税）――俗に言う「ブラックカード」は、「インスタ映え」によって承認欲求を満たす最良のアイテムの一つと言えるだろう。

だが、私は「アメブラ」を所有している人間を見ると身構えるようにしている。その理由は、実は審査が緩いからだ。

一般的にアメブラの所有資格は「謎」とされている。プラチナ・カード（年会費13万円＋税）を所有している人が、年間１５００万円を使うと招待されるというのが定説だ。しかし、私の周囲でアメブラを持つ者は、すべて所有者からの紹介だ。「人」が信頼を担保する仕組みだが、紹介さえされてしまえば、誰でも所有できるというのが、私が理解している所有資格だ。

暴力団排除条例によって、暴力団員はクレジットカードを所有できないとされているが、大物とされる人物でアメブラの所有者が多いのはこのためだ。また、怪しげな黒い経済人も愛用している。

カード会社からすれば、高い年会費を得られる。また、クレジットカードの審査に受からない特殊事情を持つ黒い富裕層の人たちからすれば、クレジットカードを持つことができるばかりか、見栄えもよい。両者の思惑が合致したことで、アメブラの所有者は生まれるという仕組みだ。

ちなみに私も認めるほど巨額の現金を保有しているある知人は、あえてアメックス・ゴールドを愛用している。アメブラの「象徴」と言えば手作りのチタンカードだが、残念ながらＡＴＭなどの機械は受け付けてくれない。そこでプラスチックのカードも付いてくるのだが、知人は「それがめんどくさい」と言う。グリーンでも、ゴールドでも、プラチナでも限度額は年収の５％とされているから、「数千万円の買い物はできるし、高額な年会費を支払うメリットがない」とこの人物は力説した。

コンビニＡＴＭ18億円不正引き出し事件

２０１６年5月15日、全国のコンビニエンスストアのＡＴＭから、偽造カードを使って約18億６０００万円が一斉に引き出される事件が発生した。被害の内訳は17都府県のセブン－イレブンで約14億円、ファミリーマートでは約３２０台のＡＴＭから約4億２０００万円となっている。

引き出しは小規模なグループによって早朝の時間帯に集中して行われたが、犯行グループの募集にはSNSツール「LINE」が利用された。事件直前の4月下旬から5月上旬にかけて、複数の暴力団組員に参加を呼びかけるメッセージが流れたのだ。

こうしてグループをまとめる「指南役」が集まり、「指南役」が「出し子」(現金の引き出し役)を集めていった。「偽造カード1枚の上限は10万～60万円で、引き出しは1万円、2万円、10万円の単位で」といった細かい指示が「指南役」に伝えられ、それを「出し子」に伝えることで手口の共有化が行われた。

19年1月までの「指南役」「出し子」の逮捕者は約250名に上っている。

主犯格として逮捕されたのは「半グレ」と呼ばれる準暴力団「関東連合」の元メンバーだ。犯行グループには六代目山口組系組員や、神戸山口組系組員、また九州の五代目工藤會系組員もいた。犯行前年の15年に六代目山口組が分裂して神戸山口組が誕生、両組織は抗争状態にある。相対する組織の組員が、同じ犯行グループにいたということだ。

SNSを通じて日本暴力社会の混成チームが作られたことは驚きをもって報じられたが、これ自体に目新しさを求めることは事件の本質を見失うことに繋がるだろう。

経済ヤクザや組織の経済活動を行うフロントは、所属組織にこだわることなく横断的に交友をしているのだから「混成チーム」による犯行は今に始まったことではない。また、暴力社会では秘匿性の高い通信手段が常に模索されており、フィーチャーフォン時代の初期にはサーバーにメールが残らないドコモのメールの使用が推奨されていた。「ｍｉｘｉ」や、ゲームサイトの掲示板を使う方法もあった。募集に使われたＬＩＮＥはこの延長にあるものに過ぎない。

この事件が突きつけたのは、世界の金融環境が動的に変化する中で、金融規制の緩和と強化のリバランスも恒常的に行われなければならないということだと私は考えている。注目しなければならないのは、なぜコンビニのＡＴＭが特化して狙われたかだ。

順を追って解説しよう。

犯行に利用された偽造カードには「暗証番号」が書かれていた。またその偽造カードは南アフリカのスタンダード銀行が発行したクレジットカードの情報を元に作られた。事件前に同行の銀行システムがハッキングされて顧客情報が流出し、それをコピーしたのだ。

「金融閉鎖国」日本にあって銀行のシステムは、日本の会社がソフトを作り独自のガラパゴス的進化を遂げた。キャッシュカードやクレジットカードも、日本の物と海外の物では磁気コードの位置が逆になっているのはそのわかりやすい例の一つだ。日本のキャッシュカード、クレジットカードを海外でＡＴＭに入れる際には、逆側にして入れないと受け付けない。

しかし第二次橋本（龍太郎）内閣下で１９９６年から２００１年にかけて「金融ビッグ

バン」が行われ、銀行法が改正。銀行業とは無関係の一般事業会社が参入できるようになる。こうしてセブン銀行や、イオン銀行、楽天銀行などが作られた。

新規の銀行業者の多くが使ったのはメイドインジャパンの銀行システムではなく、海外で広く利用されているシステムだった。システム自体は軽くて高性能という評価だが、海外と同じということで偽造カードを受け入れる仕組みも同時に導入することとなった。旧来の日本の銀行システム上にあるＡＴＭでは、海外のカードに対応できていないものもある。今回の犯行に旧来の日本の銀行が設置したＡＴＭが利用されなかったのは、犯行グループがセキュリティを嫌がったからではなく、システムの問題だったのだ。

ガラパゴスな金融環境が被害に遭わなかった原因だったことは、パリバ・ショックやリーマン・ショックなどの金融ショックの影響が世界に比べれば比較的に少なく、実質的には逃れた構造と同じということになる。

一方で、今回の被害額が大きくなった理由の一つが、現金の流通量にあると私は考えている。世界と比べても日本は現金の流通量が多い国だ。ＡＴＭで一回に50万円も引き出せる国はそれほど多くない印象で、買い物などで現金をこれだけ流通させている国も珍しい。

こうした諸問題を「金融環境」の問題としてではなく「暴力集団」の問題と捉えてしま

うことに私は反対だ。そうした認識は、既存の商習慣というレガシーと、国際化というモダンを混在させていかなければならない次代の日本型金融モデル構築にとってはマイナスにしか働かない。

現実的に、間もなく仮想通貨の時代が訪れようとしているのだから。

第7章

フィンテックが生み出す新世界

投機としての「仮想通貨」

2017年に「投機対象」として話題になったのが仮想通貨だ。相場の下落によってブームが終わったと思っている人も多いが、「仮想通貨」の時代はこれからだ。「仮想通貨は終わった」と誤解される原因は、投機目的のいわば「仮想通貨1・0」と、各国の中央銀行が開発を進めている決済用の「仮想通貨2・0」を同一視していることによる。

両者は似て非なる別物だ。この「仮想通貨2・0」が本格的に運用されれば、世界の金融環境は激変することになるだろう。また基軸通貨の座を「ドル」から奪うことになるかも知れない。

仮想通貨の代表となっているのが「ビットコイン」で、ビットコインが今日のように投機対象になった大きな要因の一つが中国だ。16年ごろ、ビットコイン売買の9割が中国人で占められていたが、その原動力となったのが中国当局の資本規制である。15年夏、中国で株式バブルが崩壊し、それに伴い中国国内からの資金逃避が進んで、人民元が大きく売られる事態に陥った。危機感を覚えた中国の金融当局は為替に限度額を定める資本規制をかける。

日本で爆買いが収束したのもこの影響だが、中国人が投機と海外への資産逃避の抜け道として利用し始めたのがビットコインだった。人民元でビットコインを買い、それを日本の市場で売って円を入手するという一種の地下銀行の構図で、大量のチャイナマネーが流れ込んだことでビットコインの相場が高騰し、投機対象としてブームになった流れだ。

私がビットコインの市場に参加したのは17年8月ごろだった。このころ私は「猫組長」を「ＶＡＬＵ」に上場していた。「ＶＡＬＵ」とは個人を株式会社に見立てた一種の資金調達手段。「猫組長」株はかなりの高値で売買されたのだが、「ＶＡＬＵ」がビットコインで取引されるということで、１ビットコインが40万円台の時に55ビットコイン（約２２０0万円）を得ることになった。

その後、買い足していき最終的には６５０ビットコインを保有する。11月下旬ごろ「ビットコイン・バブルは崩壊した」と判断して、１ビットコイン１５０万～１６０万円で売って、この投資から手を引いた。

どのくらいの儲けになったのかは、おわかりいただけると思う。

しかしその後もビットコインは値上がりを続け、17年12月8日、１ビットコインは２４0万円となる。その日の私はTwitterでこう呟《つぶや》いている。

〈ＢＴＣもここらがピークに近いと思います〉（2017/12/08　16：27）

はたして私にとって正解は２４０万円を待つことだったのだろうか？　答えは「ノー」

だ。150万〜160万円で売ることが「投資」、240万円で売ることは「投機」であり「ギャンブル」だからである。

この判断の根拠になったのが二つのバブルを通じて得た経験だ。

株、土地に限らずあらゆるバブルの最終局面には共通の特徴がある。驚くべき速度で売買される合計金額が上がっていくのだ。その理由は、それまで見ていただけの一般投資家が参加してくるという単純な理由である。80年代バブルの最終局面がまさにこれで、不動産、株が競うように最高値を更新して収拾が付かない状態になっていた。

敏感な人はいち早くそこから抜け出したが、それを続伸のサインと見た人はバブルの崩壊とともに沈んでいった。私の場合は「黒い世界」にまで沈んだが、ビットコインを手放したのは、取引量やメディアの取り上げ方から終末期を確信したからである。

もう一つは「仮想通貨1・0」の性質にある。

ビットコインなど投機性の高い仮想通貨は、「誰が使ったのか」や発行主体が何を担保にしているのかが明確ではない。そこで過去の取引履歴のデータとの整合性を取りながら取引の承認・確認作業を行う。この作業は採掘を意味する「マイニング」（mining）と呼ばれている。

すなわち投機対象としての仮想通貨は、出所不明で、発行主体もなく、裏付け資産もない。「富」を担保するものは存在せず「価値があるかも知れない」という幻想が価格を高騰させてきたということである。ビットコイン・バブルによって「億」を儲けた人たちはTwitterなどでその成功談を自ら発信し、マスコミから「億り人」ともてはやされた。しかし「億り人」たちが群れ集まっているのは、実は「子供銀行券」となんら変わらない通貨もどきの何かだったのだ。

それは私が暴力団員として暗躍した「新規発行株」と同じ構造だ。なんの実績もない企業――私はそれを空っぽの「ハコ」と揶揄《やゆ》していたが――に黒い金を融資して、その見返りとして新たに株を発行させ、市場価格より安く譲渡させる。「ハコ」は予定通りに市場に「企業合併」や「新規事業参入」などのネタを投入、そのネタによって株価が上がった時に売り抜けるという手口だ。この舞台となったのは新興株・ＩＴバブルだが、両方とも短い時間で崩壊している。

暴力団と仮想通貨

予想通りというか、案の定というか、ブームのまっただ中で仮想通貨を笑いの止まらないビジネスにしていたのは、感度の高い一部暴力団員だった。

私が得意としていた新規発行株の手口はインサイダーなのだが、当時の政府見解では仮想通貨は「通貨・法貨」「有価証券」に該当しないとされており、インサイダーは存在しない。

また、ブロックチェーンを土台にした仮想通貨には資金移転機能が備わっている。加えて、資本力さえあれば「投機用仮想通貨」は自身で発行できる。

「通貨発行による資金調達」（ICO）「投機市場でのインサイダー」そして「資金移転」と、「その筋の経済人」にとっての悩みの種をすべて解決できることが、「仮想通貨」が地下経済を潤わせていた最大の理由だった。

仮想通貨ビジネスには銀行口座が必要なのだが、暴排条例によって暴力団員の口座開設は極めて困難になっているため、主に関西圏で匿名の銀行口座の販売価格が高騰しているありさまだった。

仮想通貨の最大の問題こそ「黒い経済」の最大の旨みなのだが、それこそが資金移転の能力に他ならない。

仮想通貨のベースとなる「ブロックチェーン」は「分散型台帳」と訳される。技術的な解説は割愛するが、複数の場所に同じ情報を保管するという仕組みで、一般のインターネット回線を使い、高い匿名性を維持しながら事実上改竄《かいざん》が不可能な、極めて高速な資金移動を可能にするものである。

資金移動といえばSWIFTだが、SWIFTは秘匿性と安全性を維持するために専用回線の設置を必要としている。しかし、このブロックチェーン技術をSWIFTシステムに転用すれば、すでに世界のいたるところに整備されているインターネット回線を利用することができる。専用回線の維持費のための高額な手数料はこれによって格段に安くなることから、国際送金に大きな変革をもたらすことが期待されている。

私がビットコインを保有していた時、3ビットコインを台湾の知人の元へ送金してみた。「ビットコインを送るから」と電話をして、所定の手続きをしたわずか5分後、先方から「届いた」という連絡が来たほどスムーズに資金移転は実行された。当時の1ビットコインの値段が約100万円（約9350ドル）だったことから、3ビットコイン分の送金額は約300万円（約2万8000ドル）。私に悪意があれば、手のひらの中で瞬時にマネーロンダリングができたことになる。

「資金調達」「インサイダー」「資金移転」と、黒い経済界にとって「走・攻・守」揃った名プレイヤーの仮想通貨は、当然のことながら国際社会で規制を求められた。

18年3月のG20財務相・中央銀行総裁会議で、仮想通貨の在り方が初めて議論される。そして同年11～12月にアルゼンチンで行われたG20首脳会議では、仮想通貨を用いたマネーロンダリングなどの規制を「FATF（金融活動作業部会）に則ったやり方で進める」という方針が打ち出された。19年6月に福岡で開催されたG20財務相・中央銀行総裁会議では、仮想通貨のアンチマネーロンダリングとテロ資金供与対策（AML／CFT）を目的とした新規制が合意された。21年までにという期限付きだ。

こうした規制によって「仮想通貨1・0」の時代は終焉し、世界は「ソブリン・クリプト・カレンシー」の開発へと進むと私は予想している。「ソブリン」とは「統治者」「独立国家」の意味で、金融用語としては各国の政府または政府関係機関が発行または保証している「ソブリン債」が有名である。「クリプト・カレンシー」とは、直訳すると「暗号通貨」なのだが、これが日本語では「仮想通貨」と訳されて一般的になっている。

すなわち「ソブリン・クリプト・カレンシー」とは国家（中央銀行）が発行する仮想通貨だ。発行主体が何を担保にしているのかが明確ということで、「仮想通貨1・0」と違って、必ずしもマイニングを必要としていない。

今年6月20日には、Facebookが独自の仮想通貨「リブラ」を使った金融サービスを20年から開始することを発表した。潜在利用者数27億人の巨大経済圏が突如、生まれたということだ。今後しばらく、この賛否についての議論が紛糾することは間違いない。

国家暴力と通貨

現在、世界経済はアメリカと中国の大国に二分されているが、こと「ソブリン・クリプト・カレンシー」においてはアメリカとロシアが激しく争っている。

14年のクリミア危機以来の金融制裁が続くロシアは、自国の銀行でVISAやMastercardを扱えないほど苦しい状況にある。9・11後の世界で、アメリカが金融システムを監視し、支配するようになったことはここまで述べた通りだ。ロシアにとって「仮想通貨」は、アメリカによるシステムから脱出する最強のツールとなる。

実はロシアは「仮想通貨」の根幹技術であるブロックチェーン技術大国だ。

14年に4億8000万ドル（約480億円）が流出した「Mt.Gox事件」と、270万ドル（約2億7500万円）が流出した「シルクロード2・0事件」などは、「ロシア人ハッカーの犯行によるもの」というのが地下経済界では定説となっている。ロシア国内の「ブロックチェーン技術」がいかに高いレベルにあるのかは、これらの仮想通貨流出事件が未解決であることで証明されていると言えるだろう。この技術的アドバンテージをフル活用して、ロシアはドルに対抗できる「仮想通貨2・0」を開発しようとしている。

はたしてロシアはアメリカに対抗する通貨を作り出すことができるのか。その鍵は「暴力」にあると私は考えている。

通貨の歴史がそれを証明している。

世界最古のコインは紀元前6世紀頃にトルコで鋳造されたと言われている。同時期にアケメネス朝ペルシアがエジプトからイラン高原、インドのインダス川流域を支配し、史上初の大帝国となったことと、その王朝でコインが発明されたことは無関係ではない。帝国はコインを発行し、暴力を背景にその支配域にコインの使用を強要することで、徴税や軍費を容易に調達することが可能になった。

通貨誕生の裏には、すでに暴力があったことを見落としてはならない。

19世紀には大英帝国と「ポンド」が世界の覇権を握った。ポンドが世界最強の通貨となった土台にあるのは、イギリスによるインド帝国の軍事征服だ。これによってイギリスはインド―清（中国）を舞台にした「アジアの三角貿易」を作り上げ莫大な利益を得た結果、ポンドが世界の基軸となった。

近代に入ってなお暴力と通貨の発展は一体なのである。

第二次世界大戦末期に「ドル」が基軸通貨になったが、ドルを支えるものこそ「米軍」という世界最強の暴力装置に他ならない。03年にブッシュ大統領が引き起こしたイラク戦争の要因の一つは、当時のフセイン大統領が石油の決済をドルではなくユーロで行おうと考えたため、とされている。石油決済はドルでしか行えないが、それを許せばドルとエネルギーの関係は崩壊し、ドルの価値が失墜することになる。それを食い止めるために、アメリカはイラクへ侵攻、湾岸戦争でも行わなかったフセインの処刑を実行した。

このようにアメリカはドルの価値を維持するために、平然と「暴力」を運用する。暴力によって通貨は発展し、通貨の価値を守るために暴力が使われるのである。

現在の世界で「暴力」と「貨幣」の関係をもっとも知悉《ちしつ》している統治者こそ、ブロックチェーン技術大国ロシア大統領のプーチン氏に他ならないと私は考えている。プーチン大統領率いるロシアは、ブロックチェーン技術の開発に力を注ぐと同時に、その「裏付け」となる軍事力を過去にないレベルで強化しようとしている。

18年12月にはプーチン氏が、現在アメリカの軍事的優位性を担保しているミサイル防衛網では迎撃できない、マッハ20で飛翔する極超音速ミサイルシステム「アバンガルド」を19年に配備すると発表。また19年2月には、水中を無限航行することが可能な無人核潜水兵器「ポセイドン」をまもなく配備すると公表している。

これを単にアメリカへの軍事力での挑戦と捉えるのは早計だ。ロシアの真の狙いは、軍事力の強化とブロックチェーン技術の深化による「ドル体制」への挑戦にあると私は見ている。強力な暴力を背景にした「プーチン仮想通貨2・0」が、「米軍」という世界最強の暴力装置を背景にした基軸通貨「ドル」にどこまで迫れるのか――新次元の通貨戦争はすでに始まっていると言えよう。

本当の意味での銀行の仕事

ここまで銀行の黒い側面を紹介してきたが、誤解してはならないのは「黒いファイナンス」を「悪」と決めつけることだ。「白いファイナンス」では得ることのできない大きな利益を「黒いファイナンス」が生み出すということは、「限りなく黒に近い白」の領域こそ合法的に収益を上げる限界点ということだ。

この世界には拠点を置いた国から何度も行政指導を受けながら、しぶとく生き残っている銀行も多くある。そうした銀行は、あえてルール違反をするリスクを取りながら、血道を上げて収益を確保しているのだ。

では、そうした手段で誰が喜ぶのか――それは銀行の株主だけではない、顧客も含まれる。そして限界に近い「グレーゾーン」での収益確保こそが、銀行の本来の業務だと私は考えている。

日本経済の中心を担う中小企業について考えるところから始めたい。

中小企業基本法によって定められた中小企業（図8参照）は、中小企業庁調査室『2017年版中小企業白書 概要』によれば、大企業0・3%に対して実に99・7%を占める。これらのデータから考えれば、中小企業こそ日本経済のダイナモだ。ところが中小企業の海外進出や、日本人経営者による海外展開は思ったほど行われていない。

閉塞した日本のマーケットに留まらず日本人は中小企業文化をもっと積極的に海外に運び出すべきだというのが私の主張だ。海外に進出するどころか、海外にノウハウを持ち込んで現地で中小企業を作るくらいのことが当たり前であって欲しい。

「島国」という環境がそのような意識を作っていたのかと考えている人も多いと思うが、幕末の開国以来、明治、大正、昭和と、外交などを通じてヨーロッパから近代文化を持ち帰ったりしたこともあるので、日本人は根本的に海外が苦手ということではない。

原因は企業風土にあると私は考えている。

企業が海外に出る際には、経団連などの組織が中心になって大護送船団を作ることが多い。製造業では関連するサプライチェーンごと海外に持っていくことになり、必然、海外進出は大掛かりなものになる。

問題は資金調達先で、企業進出が大掛かりになる背景には、メインバンクの問題がある。銀行から資金調達をする場合、企業が事業計画を立てて、それを銀行が精査して稟議が下りると

中小企業基本法で定義された「中小企業」

業種	中小企業 資本金または従業員		うち小規模事業者 従業員
製造業その他	3億円以下	300人以下	20人以下
卸売業	1億円以下	100人以下	5人以下
サービス業	5,000万円以下	100人以下	5人以下
小売業	5,000万円以下	50人以下	5人以下

中小企業庁調査室『2017年版中小企業白書 概要』より

図8

いう構造だ。だが肝心の日本の銀行の海外進出は、華々しい状況ではない。

躍進著しいと評価されるＡＳＥＡＮ（東南アジア諸国連合）圏にあって、メガバンクでは三菱ＵＦＪ銀行が、タイのアユタヤ銀行を連結子会社に、またベトナムの国営大手銀行の一つヴィエティンバンクと資本提携をし、さらに、インドネシア国営インドネシア輸出入銀行と業務提携している。みずほ銀行はベトナム最大級の国営商業銀行、ベトコムバンクと資本・業務提携。三井住友銀行はインドネシアの年金貯蓄銀行（ＢＴＰＮ）と合併した。

それでも銀行免許の緩和や政府支援などの働き掛けで、中小企業御用達の地方銀行がＡＳＥＡＮ圏に進出してはいる。04年には、地方銀行の海外拠点はわずか66拠点だったものが、年平均3〜4拠点のペースで増加して、17年1月時点で１１０拠点にまで増加した。また、地銀や信用金庫が政府系企業と連携しながら、地元企業の海外展開を支援する取り組みも拡大している。

例えば浜松磐田信用金庫は、地元の自動車部品製造会社のインドネシア現地法人に融資をしている。仮に現地法人が返済できなくなっても、国際協力銀行「ＪＢＩＣ」が保証することで資金調達が可能となった。

このように中小企業の海外進出支援体制は以前よりはだいぶ整ってはきているのだが、それでも整備されている状況からはほど遠いのが現実だ。

こんな程度なら銀行はいらない

大企業、中小企業を問わず日本企業は技術と金まで現地に持ち込んで事業を開始することがほとんどだ。しかしインフラが未整備の国では洪水などの自然災害リスク、軍が革命を起こすなどの政治的なリスク、さらに為替のリスクがある上、送金手数料は常に必要となる。このリスクだらけの状況で、資金や技術を持参して事業展開するというのは、初めから負けが確定しているゲーム、すなわち「無理ゲー」に他ならない。

逆に言えばこれだけのリスクに耐えられる大艦隊でないと海外に進出できないということでもある。

また日本には本質的な意味での「バンクオフィサー」が存在しない。海外の銀行では口座を作ると必ずオフィサー（担当者）が付いて、多くの相談に乗ってくれるばかりか提案もしてくれる。資金を持っている預金者には投資先を紹介し、その国でビジネスを始めたいと思った時にオフィサーに相談すれば資金調達先とのマッチングさえしてくれるのだ。

対して日本の銀行にいるのは窓口の担当者くらいで、ＡＩ（人工知能）の金融業界進出によるリストラの筆頭候補になっている有様だ。

日本の銀行の場合は預金を集めるだけ、融資するだけということで、銀行を仲介者とした時に借り手と貸し手が分断されている状況だ。何よりリスクがあるものに対しては融資をしない。

海外の金融機関と、日本の金融機関の差は、このリスク管理の考え方だと私は考えている。国際金融を舞台に証券や債券などをオフショアのファンドに突っ込んでババ抜きのリスクを取ることで資金調達を行い、事業投資を行う——リスクは回避するものと考えているのが日本の銀行であるとすれば、リスクはギリギリのところで管理するというのが海外の金融機関の考え方だ。

これができないのであれば銀行など必要ない。ゴーン氏の一件については新生銀行の責任を指摘した私だが、リスクを取りにいった点から考えれば評価されるべきだ。

こうした金融環境にあって、日本の中小企業は、どのような形で海外への進出を行うべきなのか——現地でゼロから中小企業を立ち上げてビジネス展開をすることが理想的モデルだというのが、私の経験から導き出した答えだ。金も設備も、技術も持たずに「中小企業文化を持った日本人」だけが現地に行き、現地で資金を調達し事業を展開するのだから、これほど合理的なスタートアップはない。

ただし、出ていくということは必ず帰ってくることが保証されていなければならない。国際化とは国から出ていくことや、国を海外の様式に変更することではない。海外で獲得したものを、自国に持って帰って初めて本当の意味での国際化が成立する。

この意味では私自身は「真の国際人」とはなっていない。石油で得た金はアメリカに没収され、海外の口座残高はあっても、資金移転の規制が強すぎて日本国内に持ってくることができていないからだ。

借金できる能力こそが、人の評価だ

多くの日本人が持つ「借金」についての罪悪感も、中小企業文化の海外進出への障害だ。そもそも自己資本を中心にビジネスを行おうとする発想が私には理解できない。日本でも海外でもビジネスに自己資本を投下するのはナンセンスの極みだ。

ビジネスは他人資本で行うべきなのだ。失敗したら、次の他人資本を探せばいいだけの話だ。その繰り返しの中に落ちている成功を拾うことにこそ、ビジネスの面白さとうまみが凝縮されると言えるだろう。

日本には「自分のお金でこんないいものを作りました」という価値観が蔓延しているが、海外の場合は、「他人のお金を集めていいものを作りました」という価値観が基準だ。海外の価値観がすべて正しいわけではないが、ビジネスの国際化という意味では価値観の転換は必要と言えるだろう。自己資本を投下するリスクを負うくらいならば、海外の富裕層が投資をしたくなるような事業計画書を作成して、現地でプレゼンすることに時間を使う方がはるかに合理的と言えるだろう。

私の提言する理想モデルにとって、現在、最も適格な地域が東南アジアだ。きちんとしたビジネスモデルさえあれば現地の銀行が金を貸すばかりか、投資家を募ってファンドを作ることもできるからだ。典型例を紹介しよう。

私の知人で、前著『暴力が支配する一触即発の世界経済』（ビジネス社）にも登場する井上佳史氏は、ベトナムから日本に人材を派遣するビジネスをしている人物だ。私は井上氏を「人買い」とからかうが、井上氏こそベトナムからの人材派遣業の第一人者で、現地でも名前が通っている。

その井上氏がベトナムに行くと、知事などと一緒に投資家も出迎えに現れ、「使い道のない私のお金を使ってください」と懇願されるという。経済成長著しいベトナムだが、市場には魅力的な投資先がない。だったら、使い道を考えてくれる人に投資した方がいいということだ。

実際に土地を購入して、病院を設立する方向で計画は進んでいる。ベトナム戦争、中越戦争など度重なる経験から、ベトナムは知られざる医療大国だ。03年にアジア全域でＳＡＲＳ（重症急性呼吸器症候群）が猛威を振るった時も、他国に先駆けて防疫に成功した。現地の看護師は傷口の縫合や、人工呼吸器の挿管まで行うことができる。

新設する病院には日本のきめ細かい医療サービスのノウハウを提供できるようにし、看護師などは人手不足の日本の医療マーケットに派遣することも期待できる。そのことに出資者も納得したということだ。

私自身で言えば、18年にマレーシアで、ある日本企業の拠点を現地に作った。現地での資金調達も非常に順調で、マレーシアの1兆円企業が「ぜひうちも」ということで興味を示してきたので、その社長の親族を役員に入れることとなった。

こうしてマレーシアの医療関係の会社を買収することに成功している。

この会社の医療系の製品はイスラムからハラール（イスラム法で許された物）の認定を受けているので、他のイスラム圏にも輸出できる。20年の上場を目指しているが、仮想通貨も発行して合法的な資金移転を可能にする予定だ。

資金調達からイスラム圏展開までのビジネスモデルがマレーシアで成功すれば、インドネシアなどアジアのイスラム教の国から中東まで応用できると期待している。

このように経済的に豊かでない国には、突出した富裕層がいる。一方で貧しい国には投資先がないことから、投資先を持ってくる人材は歓待される。日本の技術、生産力、あるいは企業経営のノウハウなどを貧しい国に持ってきて、「一緒に発展させましょう」と言えば、今の東南アジアでの資金調達は容易にできると私は考えている。

新たな金融の支配者「AI」

さて本書の最後に、現在、金融の世界――特に投資市場を支配しつつある、新たな存在について解説したい。それこそが「ＡＩ」（人工知能）だ。

米中はいま、経済戦争の余波を受けてリセッション（景気後退局面）に向けてチキンレースの真っ最中だ。資金の逃避地として日本の金融市場にマネーが流れてくるのか、あるいはアメリカ市場に引きずられて下り坂に入るのか――いずれにせよ、間もなく日本株式市場が乱高下する時期がやってくるのは間違いないと私は考えている。

そんな時こそ株式投資の大チャンスだ。しかし現在の株式市場を支配しているのは、人間ではなく忌まわしきＡＩ株取引である。私は投資集団「猫組」を率いて日々ＡＩを相手に熾烈な株戦争を戦っているが、人工知能アルゴリズムの戦いの果てに、私がたどり着いた投資術は意外なものだった。

２０１８年末にかけてＩＭＦ（国際通貨基金）と世界銀行は、19年の中国の成長率は６・２％になるとの見通しを発表した。これは、天安門事件で経済制裁を受けた１９９０年の中国と同じ水準だ。また、19年3月5日に開かれた第十三期全国人民代表大会（全人代）

第二回会議では、首相の李克強氏が今年の実質GDPの成長率目標を、昨年末に中国政府が発表した「6・5%前後」から「6～6・5%」と引き下げている。

中国の発表だけに数字の信憑性は疑わしいが、何かと「盛る」傾向の多いあの国が、自発的に低めの数値を発表したことは注目に値する。この原因について、李克強氏自ら「米中貿易戦争の影響によるもの」と説明していることから、アメリカの対中政策は確実に効いているということになる。

そのアメリカ経済は現在、数字の上では順調だ。中央銀行にあたるFRB（連邦準備制度理事会）によれば、18年の成長率が3・0%と他の先進国を大きく上回り、19年の見通しが2・3%。「堅調」と呼べる数字だ。また、昨年の失業率3・7%は、49年ぶりの低水準だ。

だが19年2月には、自動車ローンを期限通りに返済できず90日以上遅れている人が約700万人いることが報じられた。アメリカで自動車は「足」であり、この数字をもって、低所得者層が見えないところでさらなる貧困に陥っているのではないかという観測も伝えられている。

さらに、地下経済では不穏な動きを伝えるニュースが流れている。

金融大国アメリカにあって9・11とリーマン・ショック後の銀行には、より高いレベルの透明性や健全性が求められている。多くは明かせないものの、昨年終盤からアメリカの一部銀行が、第三国を経由して不良債権をペーパーマネーで補塡する動きが観測されている。ペーパーマネーが、額面に比べて、実質的な価値が極めて低い証券のことを指すことも、その専門のブローカーがいることもすでに理解できるだろう。

不良債権の負債分を、「額面だけの証券」で帳簿上の埋め合わせをすることは、粉飾決算に近い行為だ。私の知る限り免許を持ったアメリカの銀行は、この荒技を行ってこなかった。あまりに危険で、世界の金融市場を不安定化させるからだ。にもかかわらず、ついに米金融機関が「黒いウルトラC」を行ったことは、不気味なシグナルと言えるだろう。

18年にはFRBが4回の利上げをしたが、金利は上がらなかった。その大きな原因は、アメリカ国内に投資先がないことだと私は考えている。

これらを合わせれば、米中両国ともに、リセッションに向けてチキンレースを行っているというのが、私が導き出した結論だ。

乱れた相場こそ株式投資のチャンス

歴史的に見て、世界の金融市場が低迷した時、資産逃避地として安定した通貨「円」を持つ日本の市場にマネーが流れ込んでくる傾向がある。一方で「アメリカがくしゃみをすれば日本が風邪をひく」と言われるように、日本という国は、アメリカ市場に引きずられて金融市場が冷え込むことでも知られている。米中両国にリセッションの気配が強くなれば、両方の要素が相互に共鳴して、日本市場の株式は乱高下すると考えることができる。

そうした状況こそが、私の得意とする地合い（相場の状態）だ。

高校時代から株を始めた私だが、マネーそのものへの執着は薄い。当時、私が惹かれたのはマネーが増えていくゲーム性で、「金を蓄える」ことと似て非なる動機だ。

バブル期に投資顧問会社に勤務して投資のプロとなった私だが、そこではゲーム性に「相場操縦」の魅力が加わった。私が入ったのは、最年長が25歳の４人からなる若くて小さな組織。そんな組織でも、運用資産は１２０億〜１３０億円に上る時代。私は資本量を使って、相場を操縦する「仕手」に夢中になる。

需要が供給を上回った時に、株価が上昇するのが相場の基本的なメカニズムだ。莫大な資本を「買い」に入れれば、一般投資家がそれに釣られ、自分たちの投資以上に需要が拡大。株価が高くなったところで売れば、儲けが生まれる——これを「需給戦」と呼ぶ。

言葉で言うのは簡単だが、釣られる相手も「プロ」ということで、需要の創出は単純ではない。誰もが忘れていることだが、狙うのは「上がってもおかしくない銘柄」でなければならない。また、一気に株価を上げれば需給戦を仕掛けていることが見抜かれるので、投資家の熱意が盛り上がるように需要を作り上げなければならない。

そんな時に使うのが、株価が上昇している場面で、「売り」を入れて価格を落ち着かせる「冷やし玉」だ。こちらの仕掛けを「調整」と見た投資家が、次の上昇を狙って「買い」を入れてくることが目的だ。

意図的に乱した地合いこそ、私の生息地ということだ。

一般投資家からは白い目で見られるが、こうした相場操縦＝「仕手」こそ、私の考える株投資の王道だった。しかし私が夢中になったのは、投資家というプロの心理を操ることだ。その高揚感こそ、私にとっての快楽に他ならない。「仕手」は、能の主役である「シテ」から来ていることは前に述べたが、観客を魅了することと通底していることがその理由だ。

暴力経済における株取引には、このような豊かな時間は存在しない。相手企業のトップに会って、市価より安く株を譲らせて高値で売り抜ける――キャッシュディスペンサーから預金を引き出す「作業」は私にとって退屈そのものだった。

「現役」を引退した今こそ、私は株取引を楽しんでいる。投資家集団「猫組」を立ち上げ、豊かな株取引の時間を満喫していた。

だが現在、株式市場には心の通じない投資家が猛威をふるっている。需給戦を王道と考える私の前に立ちはだかったものこそ、人工知能（ＡＩ）アルゴリズムによる株売買だ。

株価が上がるか下がるかも含めて、金融は不確定性が充満する世界だ。１９００年に、フランス人数学者のルイ・バシュリエが確率論を使って不確定性の解析にアプローチする（バシュリエの理論は後に「ランダム・ウォーク理論」と呼ばれる）。以来、その不確定性を、いくつかの数式モデルが解き明かす。

１９５２年の「現代ポートフォリオ理論」（ハリー・マーコウィッツ氏）、64年の「資本資産価格モデル」（ウィリアム・シャープ氏）、73年の「ブラック－ショールズ方程式」（フィッシャー・ブラック氏とマイロン・ショールズ氏）……多くの数式モデルは金融取引の現場に投入され、コンピューターの発達とともに枝分かれしながら進化をし、現在ではかなり正確な予測とリスク管理が可能となっている。

そうした理論や予測を取り入れて誕生した究極の相場師が、「ＡＩ」だ。

もはや、金融市場の不確定性を職人的相場師の「カン」で処理することは少なくなった。現在の金融世界の主役は相場師ではなく「エンジニア」だ。経験やカンで読み解く相場師ではなく、理論と情報で一瞬先の相場を予測するＡＩと、ＡＩを管理するエンジニアのコンビのほうが幅を利かせている。アメリカのゴールドマン・サックスが抱える世界約４万人の従業員のうち、約25％がエンジニアだということが、その証左である。

「人工知能」を謳うサービスの中には、ポンコツも多く存在する。大手家電メーカーが導入した「ＡＩお客様相談」を利用すると、ため息が出る回答ばかりだ。だが、数式が支配する金融の世界で人工知能は、その能力をフルに発揮する。

複数の数式モデルを組み合わせるばかりか、発信されるニュースや、「モメンタム」（勢い）のある株価を常時監視し、株の流れを追いかける。

最後にたどり着いた方法は……

私が驚くのは、リスクを計算し尽くしたＡＩの株価予測能力だ。損をせず成立する株価に「買い」と「売り」の注文を出し、確実に利益を取っていく。リスクが低い分「儲け」は当然薄くなる。そこで利用されるのがＨＦＴ（High Frequency Trading＝超高速取引）だ。現在、ＡＩはナノ秒（10億分の1秒）の世界で戦っている。こうして薄い利鞘《りざや》を売買することで、利益を莫大なものに膨れ上がらせていくのだから手に負えない。

大手だけではなく、小さな証券会社から小規模の投資家集団までＡＩを利用しはじめたことで、ＡＩアルゴリズムが乱立している状態だ。

ＡＩが版図を拡大したことで、「職人的相場師」は徐々に住処《すみか》を追われている。

上がっていく株に釣られて大量に集まり、下がると逃げていく小口投資家は、稲を食い荒らす害虫に譬えられて「イナゴ」と呼ばれる。当初私は乱立するＡＩに対抗するために「イナゴ」を利用した。

かつては資本量がエサとなってモメンタムを創造することができたが、現在では情報もエサになる。「猫組」の中には、個人投資家として知名度の高いメンバーがいる。そうした者たちがTwitterで、特定銘柄に注目していることを発信すると、その「稲」にイナゴが群れるのだ。こうした情報にはＡＩもうまく食いついてくれた。狙い通りだった。ＡＩを誘導して「イナゴ相場」を形成することで、猫組は需給戦を展開した。

ところが、すぐに異変が起こった。最初は「巨大イナゴ」として活躍をして、我々に富をもたらしてくれたＡＩだが、ほどなくこちらの手口は見破られることになる。リスク管理に長けたＡＩは、積み上がったイナゴ相場をうまく切り抜けて、美味しいところだけを食べて逃げていく、タチの悪いイナゴに進化した。私の腕の見せ所ということで、「冷やし玉」を入れてＡＩを攪乱する手段も使ってみたが、ほどなくしてそれも見抜かれる。

ＡＩを利用するつもりが、私たちがＡＩに利用されるようになった。

そこで私は次の一手を打つことになった。それこそが「猫組」オリジナルのＡＩアルゴリズムの開発だ。これは超高速でＡＩの予想株価のほんの少し上側に「買い」、下側に「売り」の注文を大量に出す「対ＡＩ攪乱アルゴリズム」だ。相手のＡＩはそれに引きずられてリスク計算をやり直し、私たちの予想価格を超えて「買い」、「売り」を出す。結果、株価のボラティリティ（価格変動の度合い）が高くなり、私たちが儲けを得るというものだ。

開発したのは、仮想通貨取引所のシステムを作っていた中国人とロシア人のエンジニア。仮想通貨市場の冷え込みで、あぶれているところを私がリクルートした。オリジナルＡＩの正式名称は「トロイ」で、開発費は億単位。中ロ側が欧米市場を、「猫組」はそれ以外をというように棲み分けを決めている。

現在の「イナゴ」の多くは、仮想通貨の「投機」ブームで味を占めた人たちだ。「投資」の知識は皆無に等しく、「相場操縦＝非合法」という認識のレベルだ。相場操縦が非合法であれば、大手証券会社が実際の売買で行うことも、ヘッジファンドによる投資行動もすべて非合法ということになるのだが、その知識さえない有様だ。「猫組」がすでに次のステージに移っていることに気付かない、そうしたイナゴたちは、私たちの発信する情報になお貪欲に食らいついてきた。空腹から「すき焼き食いたい」と私が呟くだけで、「すき焼き」の関連銘柄の株価が上昇したのには苦笑したが。

だが、相手ＡＩの中には、すでに「猫ＡＩ」にひっかからなくなった者も出始めた。開発中ということもあるのだが、予想よりボラティリティが動かない事態も生まれている。

基礎理論は同じで、取引速度も近似的なものということで、ＡＩ株取引の世界は「情報の独自性」に向かっている。例えば「ホテルの予約数」などがそれだ。予約数が多ければ、ホテルの儲けが多くなるばかりか、周辺施設の収益も拡大する。有効な「オルタナティブ・データ」（非伝統的データ）の採取へと戦場は移っている。

また、すでにわれわれのＡＩをまねた「疑似猫型ＡＩ」も増えてきている。それらの中には「見せ板」を使うものもある。

現在、大量のカラ注文を出す「見せ板」での相場操縦は、金融商品取引法で禁止されているのだが、ＡＩ注文を規制する法律はいまのところない。ナノ秒の戦いでは、それがＡＩによる本当の注文か操作ミスかどうかを判断することは不可能だからだ。法律の隙をついたＡＩと攪乱ＡＩとの抗争は「仁義なき」ものとなっている。

これらのことから、猫……いや「人間」である私がたどり着いた、とりあえずの結論。それは「無視」だ。ＡＩに勝つには、とにかくＡＩは無視することだ。

こう聞くと後ろ向きに捉えられるかもしれないが、株取引の目的はＡＩとの勝負ではなく、「大きなリターン」を得ることだ。ＡＩがどれほど儲けようと、別に彼らの儲けを超える必要はない。成長する企業の株に投資すれば、私たちは儲けることができる。

そこで、猫組は企業の業績や、財務諸表によって企業体力や将来性を精査し、「テクニカル分析」（株価の過去の値動きパターンから将来の値動きを予想すること）を行うという、いたって真面目な株取引にもう一度回帰することにした。まさに株取引の基本中の基本に戻ったということだ。

ただし狙うのは時価総額100億円以下の、超小型の優良企業だ。こうした株は、相場に揉まれて値動きが激しい。猫組の総運用額は約120億円なので、相場が荒れても需給戦を仕掛けることができる。いざとなったら全額買い取ってしまえばいい。

それは同時に、AIもその相場の荒れに引きずられてイナゴの役割をしてくれることを意味する。AIには「全部を買い取る」という選択はできない。時価総額全てを購入できるほどの圧倒的な資本量で相場を形成すれば、利益を薄く取っていくAIの売買は猫組が作り出す相場の都合のいい牽引役となるのだ。

時価総額の大きな企業では駆逐されつつある「職人的仕手師」も、小さな株取引ではまだまだ活躍できるということがわかったのだ。

時に資金調達が必要な企業から相談を受けた時には、効果的な情報の出し方などを教えるようにもしている。昔なら相談料としてその企業の株をもらっていたが、以前と違って、いまは株を受け取ることはない。株取引の原点に還っても、黒い株取引に還るつもりはない。「ついに更生したんですか？」とからかわれることもあるが、何十年かぶりに取り組む、真面目な株売買を、いまの私は楽しんでいる。

莫大な数式と情報量を処理させた結果、現在ではＡＩがどんな理由で、その銘柄を選んだのかを人間が理解できなくなっている事態が生まれている。もはやＡＩアルゴリズムは「神託」のように機能しているということだ。

無神論者で「職人的仕手師」を美徳とする私には、これが我慢できない。

ＡＩに勝つにはどうすればいいか。それは、ＡＩと正面切って戦うことを止め、基本に立ち返ることだ。株取引から見えたこの答えを、広く伝えたいと思っている。そこで私は、投資顧問会社と総合投資情報発信の新しいプラットフォームの設立を考えている。一連の戦いで得つつある対ＡＩ戦の最先端のノウハウに、資金量がなくても行える株取引の方法や確実なリターンを生む情報を教えることなどが目的だ。

こうして人が集まれば、あるいはＡＩに対抗できる集団になるかもしれない。

情報を吸い上げてまるで市場を司る神のようにふるまい始めたＡＩ。裏社会に長く生き、無神論者である私には、それが気に食わない。

「神殺し」の日に向かって、私は爪を研いでいる。

おわりに

私を書籍の世界に誘ってくれたのは経済評論家の渡邉哲也氏だ。また本書出版の背景には『現代ビジネス』の前編集長、阪上大葉氏が私の原稿に多大なる興味を示してくれたことが大きい。さらに現代新書の編集長で本書を担当してくれた青木肇氏。また青木氏と一緒に編集業務を行ってくれた栗原一樹氏――読者の皆さんはもちろんだが、私のために尽力してくれた人々への感謝は満腔のものである。

二〇一九年七月

猫組長こと菅原潮

猫組長《ねこくみちょう》（菅原潮《すがわらうしお》）

1964年生まれ。兵庫県神戸市出身。元山口組系組長。評論家。大学中退後、不動産会社に入社し、その後、投資顧問会社へ移籍。バブルの波に乗って順調に稼ぐも、バブル崩壊で大きな借金を抱える。この時、債権者の一人であった山口組系組長を頼ったことでヤクザ人生が始まり、インサイダー取引などを経験。その後石油取引を通じて国際金融の知識とスキルを得る。山口組分裂直前、「ツイッター組長」として情報を発信し続けたことで話題となった。現在は引退して評論、執筆活動などを行う。著書に『山口組分裂と国際金融』『ヤクザとオイルマネー』『アンダー・プロトコル』『2019年　表と裏で読み解く日本経済』（ともに徳間書店）。今年4月18日発売の『暴力が支配する一触即発の世界経済』（ビジネス社）は発売前重版となった。『現代ビジネス』に寄稿する「元経済ヤクザ」シリーズは、同サイトで常に上位にランク入りする。『ビートたけしのTVタックル』（テレビ朝日系）、『AbemaPrime』（AbemaTV）に出演。コメンテーターとしても活躍の場を広げている。

金融《きんゆう》ダークサイド

元経済《もとけいざい》ヤクザが明《あ》かす「マネーと暴力《ぼうりょく》」の新世界《しんせかい》

二〇一九年七月二五日　第一刷発行

著者　猫組長《ねこくみちょう》（菅原《すがわら》潮《うしお》）

発行者　渡瀬昌彦

発行所　株式会社　講談社
東京都文京区音羽二丁目一二―二一　郵便番号一一二―八〇〇一
電話　編集〇三―五三九五―三五二一
販売〇三―五三九五―四四一五
業務〇三―五三九五―三六一五

印刷所　株式会社新藤慶昌堂

製本所　株式会社国宝社

定価はカバーに表示してあります。

N.D.C.338 230p 19cm　ISBN978-4-06-516743-4